「耳コピ」日常英会話

日本にいながらわが子をバイリンガルにした、たった1つの方法

竹内 薫

PHP文庫

○本表紙図柄＝ロゼッタ・ストーン（大英博物館蔵）
○本表紙デザイン＋紋章＝上田晃郷

はじめに

「光陰矢の如し」とはよく言ったもので、この本の単行本版が出版されてから7年の月日が流れました。その間、おかげさまで毎年数千部が増刷され、出版不況にもかかわらず、異例のロングセラーとなりました。

私は8歳のとき、父親の転勤でいきなりニューヨークに連れていかれ、現地校に放り込まれました（当時はまだ日本人学校がなかったのです）。泣きながら英語を勉強してバイリンガルになりました。でも、努力した甲斐あってか、大人になって生活が苦しかったとき、翻訳の仕事で食いつないだことが何度もありました。また、雑誌やテレビの仕事でも、英語で外国の科学者に直接インタビューができるなど、「生きるための英語」の効用は痛いほど感じていました。

ですから、10年前に娘が生まれたとき、日本語と英語のバイリンガルになってほしいと強く願いました。でも、泣きながら英語を詰め込むような苦労はさせたくなかったのです。

そこで私は世界中のバイリンガルに関する論文を読み漁り、実体験も踏まえながら、どうしたら心に傷を負わないで日本語と英語の両方に堪能になれるのかについて考え抜きました。

娘には物心つかないうちからディズニーなどの英語が「聞こえる」環境を用意し、英語保育園に入れ、そして、小学校レベルからは、ホームスクールの拡大版として私が作ったYES International Schoolでバイリンガル教育を行ってきました。

　この本は、そんな私の教育奮闘記でもあるのですが、とにかく実践的な内容になるよう工夫を凝らしました。母国語を習得するのと同じ状況を擬似的に作り出し、とにかくリスニング（「聞く」）とスピーキング（「話す」）を鍛える。決して、リーディング（「読み」）とライティング（「書き」）からは入らない。

　英語の基本的な発音は、喃語に始まり「コドモ英語」で定着するものであり、難しいラテン語起源の専門用語などは、あくまでも下地ができてから習得すべきです。つまり、ひたすらコドモ英語を聞いて真似してみることで、バイリンガルの基礎が構築されるのです。

　でも、この（不肖）竹内メソッドは、本当に役立つのでしょうか。

　大人だけ、もしくは親子で毎日、発音練習をしていただければ、絶対に英語の発音が改善されます。これは、大勢の読者からのフィードバックが実証しています。

　大人の場合、実は、学校で教わった英語で、英語習得「後期」に必要なリーディングとライティングの技能は

習得済みなのです。英語がしゃべれない理由は、英語習得「前期」に必要な、リスニングとスピーキングのトレーニングが不十分だから。ですから、本書のメソッドで、欠けている部分の練習をしていただければ、すでに知っている単語や文法を駆使して、ネイティブとの日常会話に困らない英語レベルに達するはずです。

　ウチの娘やそのお友達は10歳前後でTOEFL Junior®（トーフル・ジュニア）で高得点を叩き出し、英検2級レベルに達しています。立派な日英のバイリンガルに育っています。

　そして、娘と一緒に竹内メソッドで英語を学び始めた私の妻も、自然にロンドンやニューヨーク出身の先生たちと時間割の打ち合わせをしています。

　本書の会話例は、かつて娘が通っていた英語保育園のアナンド・モーハン先生と、YES International School英語科主任のナヴィーン・ブカーリ先生がピックアップしてくれました。

　他の語学書ではお目にかかることのない、ネイティブのコドモ英語で、あなたの英語ライフを変えてみませんか？

　2021年5月　　　　　　　　　　　　　　竹内　薫

私がこの本を書いた理由

　間違った英語教育によって、単語を何千個も覚えて、文法もマスターしたのに、海外旅行やビジネスシーンで、簡単な英語がしゃべれなくて悔しい思いをしている日本中の「英語難民」のみなさんに、最大効率の英語習得法を伝えたい！

　それから、子どもの英語教育をどうすべきか悩んでいる親御さん、あるいは、もっと英語力をレベルアップしたいと考えている「あなた」のためにこの本を書きました。

　理屈だけじゃだめですから、「音声コンテンツ」（ダウンロード方法は次ページを参照）ですぐに実践練習に入ることができるよう配慮しました。半年後、1年後に、読者のみなさんが笑顔で英語と向き合えるようになっていることを祈って……。

　まずはこの本の主章を読んで、簡単な理屈と練習の流れを理解したら、すぐに「音声」で練習を始めてください。それから、暇をみて、ゆっくり副章を読み進んでいただければと思います。Good luck!

無料音声ダウンロードについてのご案内

本書では、ネイティブが朗読した音声コンテンツを、ＰＨＰ研究所のホームページから無料でダウンロードすることができます。
お手本を真似しながら「発音フィードバック」（P52〜参照）を実践してください。

> 各パターンの冒頭右上に記載されているアイコン内の数字は、対応する音声ファイルのトラック番号を指しています。
>
> 例： 🎧 track01 ＝ 音声ファイル名：track01.wav

【ダウンロードの手順】

※ダウンロードはパソコンで行ってください。

❶下記のＵＲＬにアクセスしてください。

https://www.php.co.jp/books/mimikopi/

❷下記のパスワードを入力し、「送信」ボタンをクリックしてください。

パスワード：kodomoeigo100

※半角英数で入力してください。

❸表示された画面の指示にしたがい、音声コンテンツをダウンロードしてください（ファイルの形式は、パソコンやスマートフォン、携帯音楽プレーヤーなどで再生が可能な wav 形式です）。

※保存・再生方法の詳細については、お使いになる端末のマニュアルでご確認ください。

※ダウンロードされた音声は、個人的使用の範囲に限らせていただきます。

※諸般の事情により、予告なしにダウンロードを終了させていただく場合がございます。

本書の「音声コンテンツ」の使い方

　音声コンテンツのダウンロードはできましたか？

　まず、本書のオープニングとして収録されたネイティブによる英語ナレーション（track01）を聞いてみましょう。ここでは、本書の肝である「発音フィードバック」のやり方を解説しています。

　英語ナレーションの全文は以下の通りです。

This is Radio PHP, 22.2, Tokyo. track01
（こちらはラジオ PHP、周波数 22.2、東京です）

Hi, I'm your host Mr. Bukhari.
Welcome back to the wonderful world of preschool English.
Today, we are joined by
Ms. Gerri from YES International School.
Hi, Ms. Gerri!
（こんにちは、番組ナビゲーターのブカーリです。コドモ英語の素晴らしい世界へようこそ。今日のゲストは YES インターナショナルスクールのジェリー先生です。こんにちは、ジェリー先生！）

Oh, hello everyone. How is it going today?
（みなさん、こんにちは。ごきげんいかがですか？）

Could you tell me something about feedback lessons?
（フィードバック練習について教えていただけますか？）

Sure, my pleasure. It's pretty simple. You'll learn by imitating me.

Just listen to my phrases and try to copy my pronunciation, intonation and rhythm as best you can.

Try enough times, and you'll get better before you know it.

Simple, right?

（もちろん、よろこんで。すごく単純なんですよ。私の真似をしながら学習してください。私が言うフレーズに耳を傾け、できるかぎり、私の発音、抑揚、リズムを真似するだけ。何度も繰り返せば、あっという間に上手くなります。ね、簡単でしょ？）

So, basically, it's like playing copycat.

Sounds easy enough...may be we should start right now.

（ということは、基本的に真似っこ遊びをすればいいんですね。それなら簡単にできそうだ。すぐ始めてみましょうか）

Sounds like a good idea. Try this one.

（いいですね、じゃ、まずこれから）

Ms. Gerri   "Go away ghost!"

                      （幽霊あっち行け！）

Mr. Bukhari   "ゴーアウェイゴースト"

Not bad.

（悪くないですよ）

Ms. Gerri   "Go away ghost!"

Mr. Bukhari   "Go away ゴースト"

One more time.

（もう一度！）

Ms. Gerri   "Go away ghost!"

Mr. Bukhari   "Go away ghost!"

Great!

（上出来！）

So, you have to record it,
listen carefully and repeat them again and again.
Hmmm, so that's feedback.

（要するに、録音して、注意深く聞いて、何度も何度も繰り返すんですね。ふーん、それがフィードバックなんですね）

That's right!

（その通り！）

This is Radio PHP, 22.2, Tokyo.

（こちらはラジオ PHP、周波数 22.2、東京です）

1か月後に、驚きの効果が！

「発音フィードバック」のやり方は理解できましたか？

　次は、ネイティブ 3 人による日常会話（track02）を聞いてみましょう。

　恐らく、最初はほとんど聞き取れないと思います。でも、心配無用です。本書の「コドモ英語」を聞いて真似することを実践した上で、1 か月後にもう 1 度聞いてみてください。驚くほど、聞き取れるようになっていることを実感できるはずです。

　ぜひ、ご自身の成長度合いの指標にしていただければと思います。

 track02

登場人物
A：ブカーリ（Mr. Bukhari）、B：エリック（Mr. Eric）、C：ジェリー（Ms. Gerri）。

A: Alright guys. So I'm from London in the UK. That means I speak British English. You guys are from other English speaking countries, right?
（それでは始めましょうか。私はイギリスのロンドン出身です。つまり、私が話しているのはイギリス英語です。お二人は他の英語圏の方なんですよね？）

B: Well, I'm an Aussie so obviously I speak Australian English.

11

Although, I think it's a bit similar to British English.

(ええ、私はオーストラリア人なので、当然オーストラリア英語を話しています。でもちょっとイギリス英語に似ていると思います)

C: Well, I come from North America, so I think my English is quite different from you guys. We tend to have *American vocabulary* for lots of different things. Oh, and we pronounce things quite differently too.

(私は北米の出身です。だからお二人の英語とはかなり違っていると思います。アメリカではいろいろなものに独自の言葉を用いる傾向があります。それに、発音も違います)

A: Right! I've heard that Americans have quite different words for some things than people in other English speaking countries.

(そうですよね！ アメリカでは、他の英語圏とはまったく違った言い方をするものがありますよね)

B: I guess Australian English has some different words too. Like, instead of saying "hello" or "how are you", we usually say "G'day". It's pronounced "geh-day".

(オーストラリア英語にも、違う言い方をするものがいくつかあります。たとえば、「ハロー (Hello)」とか「ハウアーユー (How are you)」の代わりに、「グダイ (G'day)」と言います。発音は「グダイ」です)

C: Yeah, I've heard that in movies before. In the US, we would usually just say "What's up?" or "How's it going?".

(それ、前に映画の中で聞いたことがあります。アメリカでは普通、「ワッツアップ？ (What's up?)」とか「ハウズィットゴーイング？ (How's it going?)」と言います)

A: I guess in the UK, we would just greet someone by saying "you alright?" or "alright?". Actually, I just said "alright" to someone on the lift before I came here.

(イギリスの挨拶は、「ユーオーライ？（You alright?）」とか「オーライ？（Alright?）」ですね。実際に、僕はここに来るときにリフト（lift）の中で「オーライ？」と挨拶しました)

C: Lift? What do you mean lift? Is that like the name of a shop or place?

(リフト？ リフトって何ですか？ お店とか場所の名前ですか？)

B: No...a lift is like something to get on to move up and down a building, right?   You know...so we don't have to use stairs.

(いやいや……リフトというのは、ビルの中を上に行ったり、下に行ったりするときに乗るものですよ。それがあるから階段を使わなくてよくなる……)

C: Oh! Like an elevator? People call that a lift in the UK? If you said that to an American, I think some people would get confused.

(あぁ！ エレベーター（elevator）のことですか？ イギリスではリフトって呼んでいるのですか？ アメリカ人に言ったら、困った顔をされると思いますよ)

B: Yeah, we have the same word for it in Australian too. Wait, can you guys guess what a *barbie* is?

(オーストラリアでも同じ言い方をしますよ。じゃあ、「バービー（barbie）」って何だと思いますか？)

C: Barbie? Yeah we have that in the US. It's like that doll for little kids right?

(バービー？ アメリカにもありますよ。子ども向けのお人形のことでしょう？)

A: Yeah we have the same thing in the UK.
(ええ、イギリスにもありますよ)

B: (Laughs) No, Barbie is what we call a barbeque. We just shorten it down to Barbie. So if you come down to Australia, someone might say "fancy a barbie?" They're not offering you a doll, they're inviting you to a BBQ.
((笑いながら)いえいえ、「バービー」っていうのは、オーストラリアでは「バーベキュー (barbeque)」のことなんです。略して「バービー」って言っているんです。オーストラリアに来たら、「バービーはいかがですか？」って聞かれるかもしれませんよ。それは人形をくれようとしているのではなくて、バーベキューに誘ってくれているんですよ)

Everyone: (laughs)
(笑)

「耳コピ」日常英会話　目次

主章

竹内式英語習得絶対法則
── 英語は二丁拳銃で耳コピせよ

フレーズ集

英語の発音がメキメキ上達する！

耳コピのための「コドモ英語」

副章1

「読み」「書き」の上達は
教材選びで決まる！

副章2

絶対に続く！
モチベーションを保つ方法

副章3

ネイティブの英語感覚を身につける

副章4

英語力を飛躍的に高める3つの魔法
——語源、ニュアンス、イディオム

〈STAFF〉
本文イラスト：若田紗希
図版作成：宇田川由美子

竹内式
英語習得
絶対法則

英語は二丁拳銃で耳コピせよ

はじめに「話し言葉」ありき

　世界中のどんな言語も、まず最初に「聞いて話すこと」から始まり、徐々に「読み書き」へと広がり、集大成として「文法」が固まっていった歴史があります。たとえば、日本最古の書物である『古事記』。誰でも学校で教わるように、稗田阿礼がしゃべったものを太安万侶が書き記したといわれています。あるいは古代ギリシャの文豪ホメーロスの叙事詩『イーリアス』も、全編が韻を踏んでいて、「しゃべり」を聞くことが前提になっています。

　さらに、子どもが母国語を学ぶときや、ヨーロッパの人々が欧州圏内の他の言語を学ぶ際にも、まずは「聞いて話すこと」から入るのが常道です。江戸時代のジョン（中浜）万次郎は、漁船が難破し、結果的に渡米したわけですが、やはり「聞いて話すこと」から入ったために英語がペラペラになったのです。

　書き言葉より、まずは話し言葉。文字より、まずは音声。それが言語習得の近道です。

　ここまではよろしいでしょうか？　はい、では次に参りましょう。

日本語脳の呪縛 重要

　話し言葉の習得に重きを置く場合、耳と口の訓練から入るのがふつうです。ええと、これは、ピアノやギターなどの楽器演奏でよくやる「耳コピ」というやつです。耳で聴いた音楽を手元の楽器で再現するように、**耳にした言葉を口で再現する**のですね。音楽でも語学でも、それは決して間違っていないのですが、1つだけ盲点があります。

【盲点】大人の場合、耳で聞いた英語を
　　　　そのまま再現するのはムズカシイ

　当たり前ですが、日本人の大人の脳は、日本語を処理することに長けています。そのため、「素直に英語を聞く」ことができず、脳が勝手に日本語の音韻に変換してしまいます。いわば「日本語フィルター」がかかった状態。だから、大人の場合、子どもの何倍も時間をかけないと英語の音素を聞き取って再現することができません。耳コピしたくても、日本語脳が邪魔するから、練習が進まないのです。つまり、

【日本人の大人の耳コピ】　"bath" → "バス"、"bus" → "バス"

のように、「お風呂」も「乗合バス」も強制的に日本語に矯正されて「バス」になってしまう！ th と s の差が日本語にはないからです。同様に、l と r の発音も同じになってしまいます。これは、日本人の「耳」の聞こえ方の問題であり、同時に「口」の動かし方の問題なのです（もちろん、本当は日本語脳の問題なわけですが）。

大人が「耳コピ」するためには

のちほど詳しく説明しますが、子どもは、自然な耳コピによって、母国語を習得します。周囲の大人やお友達やテレビの言葉を耳で聞いて、口で真似るだけでしゃべれるようになります。幼い子どもは、母国語以外の言葉（この場合は英語）を耳で聞いて、やはり、すぐに口で真似ることができます。子どもは耳コピの天才なのです。

しかし、大人は、英語を聞いてもすぐに口で再現することができません。話し言葉を習得するためには、事実上、耳コピする以外にないのに、日本語脳がその耳コピを邪魔してしまうんです。なんて悲しいことでしょう。でも、そんな大人でも、ちゃんと耳コピができる方法が

あります。それが「口トレ」。

　お手本を聞いたら、しゃべって録音して、お手本と自分の発音を聞き比べる。発音を微修正して、同じことを繰り返す……。お手本と自分の発音の「差」に集中して真似ていくので、徐々に英語の音素を再現することができるようになります。

　この「口トレ」は、科学的には「フィードバック」といいます。なにやらムズカシイ響きですが、これは"feed"（与える、食べさせる）と"back"（返す、戻す）を利用して、たとえば人工知能が学習したり、電子部品を安定させたりする基本メカニズムなのです。人間の言語学習も、このフィードバック原理によって成り立っています。「発音フィードバック」、すなわち、「口トレ」こそが、日本人の大人が見逃している英語習得絶対法則なのです。

「コドモ英語」の効用①　重要

　まだ、納得していただく必要はありません。さらに説明を続けましょう。

　口トレが英語習得絶対法則だとして、では、いったいどんな英語の文章を口トレすればいいのでしょうか？

英語圏では、幼稚園の子どもが頻繁に口トレしています。先生や年長さんの会話をオウムのごとく口トレしている。そして、いつの間にか英語がしゃべれるようになる……。子どもの英語は、「コドモ英語」であり、簡単に真似できる英語であり、生活に必要不可欠な英語であり、そして、ホンモノの英語習得の道筋なのです。

　すでに述べたように、ウチの娘は３歳半から「ディズニー英語システム」（註）で遊んだり、週３日ほど英語保育園に通ったりして、常に英語を耳コピしていました。基本的に「コドモ英語」を耳コピしているだけですが、子どもの世界では、**簡単な単語を組み合わせるだけで、ほとんどの意思疎通ができてしまうんですね**。感情表現やトイレなどの生理現象、そして事務的なことがらまで。

【「コドモ英語」の効用①】
コドモ英語には、英会話の基本パターンが入っている

　あるとき、英語保育園のカナダ人のアナンド先生が教えてくれました。
「ミスター竹内、Ｒちゃんが英語の喃語（なんご）を口にし始めましたよ！」
　日本人の赤ちゃんが喃語を口にするのと同じように、

英語圏の赤ちゃんも喃語からしゃべり始めます。でも、日本語の喃語と英語の喃語は音素が異なるので、明らかに響きが違うんです。ウチの娘は、当時、すでに赤ちゃんではありませんでしたが、**英語の「耳コピ」をしているうちに、ある日とつぜん、英語の喃語が口から出るようになった**のです。

　ウチの娘に限らず、言語習得の過程については、科学的な研究がなされています。たとえば、英語以外の言語を母国語として育った子どもが、養子としてアメリカに移り住んだ場合も、英語が口から出るまで、しばらくの準備期間が必要です。最初は英語っぽい音から始まり、次に1つの単語が言えるようになり、それから2つの単語がくっつき、という具合に、英語表現が「進化」していくことがわかっています。

　人間の脳は、最初はうまく真似できないので、音の「雰囲気」だけ真似していますが、徐々にうまくなっていって、単語が言えるようになり、その後、どんどん複雑な言い回しが真似できるようになるようです。

　その進化の仕方は、次々と難解な単語を覚えるというよりも、それこそ100個くらいの基本単語だけをいろいろな方法で組み合わせて、文の構造そのものが複雑になっていきます。**日本人は高校卒業までに何千もの英単語を暗記させられますが、それでも英語がしゃべれないの**

は、自然な英語習得の流れを無視しているから。単語を1000個覚えるより、100個の単語を組み合わせて、1万の言い回しのバリエーションを習得するほうが、英語を自分のものにする近道なのです。

　註：娘の英語教材は、N社、B社のものも比較検討し、ウチの環境ではワールド・ファミリー株式会社の「ディズニー英語システム」がベストだと判断しました。中でも、「トークアロング・カード」という、お手本を聞いて自分の声をカードに録音できる機器がすばらしく、娘の英語教育に役立ちました。お子さんの英語教育を考えていらっしゃる方は、ご自分の目と耳で、見て聞いたうえで、判断されることをオススメします。

「コドモ英語」の効用②

　さらに重要なことがあります。「コドモ英語」は簡単であるにもかかわらず、大人の英語と同じ音素をほとんど含んでいるのです。ネイティブの子どもでも、いきなり難解な学術用語や洗練されたビジネス会話に晒されたら、耳コピができません。つまり、**コドモ英語は、英語に不安を抱いている人が、英語表現の原点を知り、なおかつ、英語の音素をマスターするのに最適な「超入門教**

材」なのです。

コドモ英語は、大人英語の音素をほとんど含んでいる

　とにかく、まずは、本書の「コドモ英語」で徹底的に
「口トレ」をしてみてください。自分の声を録音して、
お手本と比べて、発音を修正してみてください。１日１
フレーズでかまいません。週末は休んでもらって結構で
す。それでも、数カ月後には、どんなに英語が苦手な人
でも、英語らしい発音ができるようになり、同時に、英
語の聞き取り能力も向上するはずです。あと、言い忘れ
ましたが、不安だったら、いつでもテキストを「盗み見
て」かまいません。
　本当にこれだけ。１日30分でいいんです。「コドモ英
語」をうまく「耳コピ」できたとき、あなたは、まさに
ネイティブと同じ発音をしているのです。そして、ここ
が重要なので、強調しますが、**発音できる音は絶対に聞
き取ることができます**。どうか、コツコツと、まずは１
カ月、頑張って続けてみてください。

「コドモ英語」の口トレが できるようになったら……

　さて、家族や友だち同士の会話では、ネイティブでも "I have to pee."（おしっこいかなくちゃ）というコドモ英語を使います。でも、同じ生理現象でも、高級レストランで食事中だったら "Excuse me, I have to go to the bathroom."（失礼、ちょっとお手洗いに）などと言い換えないといけません。**でも、ネイティブやバイリンガルの頭の中では、"I have to pee." という、いわば「裸の」表現があり、それに「よそ行き」の服を着せるような感覚で言い換えているのです。**

　まるで、子どもが遊ぶ着せ替え人形みたいですよね。核（コア）の部分には、幼少時から親しんできた「コドモ英語」があるのですが、それを場面に応じて言い換える。それが、「英語を使いこなす」ということの意味なのです。

　ただし、その場面が、政治家の演説なのか、レストランでの会話なのか、ビジネスの契約締結の場なのか、学術会議で専門用語の応酬になるのか……。どんな服を着せるのかは、あなたのニーズにかかっています。特殊な職場であれば、それなりの専門用語が必要になるでしょう。

残念ながら、あらゆる「服」を用意することはできませんので、本書では、「コドモ英語」の着せ替えについては、ヒントとなる例をいくつか挙げるにとどめました。

　すでに「コドモ英語」を、口トレで覚えてしまった人にとって、この着せ替えは、いわば「自分専用の服を縫う」段階にあたります。これは、他人から与えられるものではなく、自分で探して、メモを取って、日々、磨いていくしかありません。

　この自分だけの着せ替えのバリエーションを増やしていくことこそが、あなたのオリジナルな英語表現なのです。周囲の達人から盗むもよし、インターネットで探すもよし。本書の「耳コピのための『コドモ英語』」を、あなたなりに着せ替えて（言い換えて）ください。それはきっと、思いがけぬ楽しい作業になることでしょう。

日本人は英語力を「50%」持っている

　さて、ここまでが「概論」です。実は、もう絶対法則の原理的な部分は出てしまいました。でも、読者の多くは、まだ、「ハイソウデスカ」と納得してはくれないで

しょう。そこで、ここからは、口トレについて、科学と経験を織り交ぜて、さらに掘り下げて理屈を述べていきたいと思います。同じ理屈を繰り返し説明しますので、「この話はもうわかった」という部分が出てきたら、適当に読み飛ばしていただいて結構です。肝心なことだけ頭に入れるようにしてください。

　そもそも、多くの日本人の悩みは、「聞き取れない」「話せない」ことでしょう。日本人は、学校で「読むこと」「書くこと」を中心に勉強しているので、海外旅行に行ったときなどに、英語の標識や注意書きがまったくわからないという人は、おそらく少ないはずです。

　つまり、読者のみなさんは、英語を自由に使える能力を、すでに「50％」持っているのです。そういわれると、驚かれる方もいると思いますが、中学校と高校で延々と英語を勉強してきたのですから（現在は小学校でも英語の授業があります）、ほとんどの日本人が、ある程度の「読み」「書き」の能力を持ち合わせているのは当たり前なのです。それなのに、英語に対して不安を感じる人が多いのは、**「聞く」「話す」の訓練が足りない**ことが原因です（キッパリ）。

　よろしいでしょうか。英語がまったくできないわけではないのに、英語を使うことに自信が持てず、恥ずかしいと感じたり、嫌な思いをしたりするのは、「聞く」「話

す」の訓練不足が原因なのです。ということは、この2つの力を鍛えれば、これまで培（つちか）ってきた「読み」「書き」の能力と合わせて、英語が自由に使えるようになることは、納得していただけると思います。

日本人の脳は
日本語用にカスタマイズされている

　さきほどから述べているように、竹内式の英語学習法では、「聞く」は、いちばんの優先事項ではありません。

　なぜなら、大人は音から学習することが、とても難しいからです。子どもの頃は脳の可塑性（か そ せい）がとても強いので、耳で聞いたものを、そのまま再現することができます。自分の母国語の音韻が、まだ完全には確定されていないので、どんな音でも柔軟に「音」として聞くことができるのです。たとえば、ある音楽を聴いて、ピアノの鍵盤を手で探りながら再現してみるのと同じようなことが、言葉でもできてしまうのです。

　ところが、大人になると、脳の可塑性がだんだん失われていきます。大人は自分の母国語である日本語の音韻がいちばんよく聞き取れるように、脳が最適化されているんですね。日本語を聞くことに特化した脳が、できあ

がってしまっているのです。

　これが残念なことに、新しい言語の学習を邪魔してしまいます。脳が「日本語化」していると、英語の音韻は「意味のない雑音」として脳が処理してしまうからです。

　人間という種の進化に思いを馳(は)せると、そもそも、雑音を聞き取っても生存の役には立ちません。種の生存にとっては、重要な音・信号を聞き取ることが必要だからです。たとえば原始的な時代であれば、猛獣が近づいてきたときに仲間が発する「危ない！　逃げろ！」という叫び声を聞き取れなかったら、命にかかわりますよね。

　現代社会ではそのような場面は少ないでしょうが、人が言っていることをきちんと素早く理解することは大切です。仕事の場面でそれができない人は、「あいつは仕事が遅い」「話が通じない」などと言われてしまい、社会的な生存競争に負けてしまいます。

　そういう意味では、現代社会においても、日本語をいかに効率よく処理できるかという能力は、とても重要であり、求められているスキルなのです。ですから、日本人の大人の脳は、それに一所懸命応えるべく、最適化されているのです。

日本人が英語を使えるようになるために必要なこと

　それでは、大人の日本人が英語を使えるようになるためには、どうしたらよいのでしょうか。

　本来は、一度最適化された脳のネットワークをばらして、もう一度、英語と日本語の訓練を始めることができればいいのですが、それは不可能です。残念ながら、子どもと同じように、英語を聞いて、それを口で真似するというだけの勉強法では、大人は英語を習得することができません。

　英語を聞いたとき、私たちの脳は、それを日本語として解釈しようとします。**英語の音を、どうしても日本語の音として聞こうとするので、聞き取れない**のです。

　日本人は「読み」「書き」ができるので、単語をたくさん知っているし、綴りも思い浮かべることができます。「あのアメリカ人が話した英語は、どういう綴りになるんだろう」と、無意識に頭の中で考えてしまっているのです。

　ついつい、頭の中にある単語を検索してしまいますが、それでもなかなか検索に引っ掛かってこないのは、「読み」「書き」の勉強をするときに、**発音とワンセットで覚えていない**からです。発音とワンセットで覚えてい

るつもりでも、実は発音記号やカタカナで覚えていたりするのです。そうすると生の英語の発音と頭の中の単語がリンクされず、別々のものとして存在することになるのです。そこで重要なのが、「話す」ということ。

　きちんと「発音」できるようになれば、**つまり、正しく話せるようになれば、正しく聞くことができるようになります。**そのためには発音を正しく身につけるための「口トレ」（発音フィードバック）が何よりも重要です。

「音を聞く」
——発音記号は勉強しなくていい!?

　英語を習得するには、発音が命。きれいな英語を話せるようになりたい人は、発音記号を一所懸命勉強するのではなく、「実際に発音すること」を実践してください。

　発音記号は、大学で言語学を勉強する人には必須です。言語の「音」についての研究論文を書くときには、他の学者に伝えるために音を記号で再現する必要があります。また、フィールド調査などで「あの民族はこういう発音をしている」などと表現するためにもとても役に立ちます。現代では、論文に音声データをつけることも不可能ではありませんが、カセットテープすらなかった

時代には、他の人に音を伝えるために、発音記号はとても大切なものでした。

　しかし、発音記号で発音の差異が理解できるようになれば、英語が話せるようになるかというと、それは残念ながら別の話です。

　発音記号は学術的な意味合いが強いので、発音記号そのものを勉強することは、実践で「使える英語」を学びたい多くの日本人にとっては、あまり効果的な学習法とはいえないのです。現代は**インターネットで検索をすると、どういう音なのかをパソコンが発音してくれる**便利な時代です。発音記号を紙の辞書で調べるよりも、インターネットや電子辞書など音の出る方法を使って耳で確認しましょう。

「聞く」「話す」を、上達させるコツは、発音記号に頼らないこと、そして、字面にも頼らないようにすることです。発音記号や字面にとらわれすぎずに、実際の発音を確認することをまずは大切にしてください。

子どもの脳と大人の脳

　英語の勉強をするときにはいくつものコツがありますが、子どもと大人の脳の働きを理解することも大切で

す。

　子どもの場合は、とにもかくにも、英語の環境を作ってあげることが重要。子どもは、英語を聞き続けることで、英語の音韻をノイズではなく、シグナル、つまり信号（聞き流してはいけない意味がある音）として徐々に認識するようになるので、なるべく長時間、英語の音韻が耳に入ってくる環境を作ってあげると効果的です。これは、生まれたばかりの赤ちゃんが、日本語をたくさん聞いて、初めて言葉を覚える過程に近いといえます。

　子どもの場合は、長時間、英語の環境に浸ることで、自然と頭の中に英語の脳の回路を作ることができます。この原理でいえば、「聞き流し英語」という勉強法も正しいといえます。

　しかしながら、同じ時間・同じ英語環境に浸っていても、子どもと大人では学習効果に大きな差が出るのです。大人の場合は、すでに頭の中に日本語の脳の回路ができあがってしまっているので、なかなか新しい英語の回路が作れません。

　日本語の回路が頭にできあがっていると、どのように音が処理されるのでしょう。まず、日本語が耳に入ってきた場合は、「雑音ではなく信号である」と認識されます。

しかし、英語の場合はどうでしょうか。日本語以外の音が入ってきたにもかかわらず、脳はその音を「日本語に当てはめよう」とするのです。つまり、英語を聞いても日本語に変換しようとしてしまいます。

でも、対応する日本語は存在しないので、その音（英語）は何にも当てはまらず、解釈できないということになります。解釈できないということは、この音はノイズだから聞かなくていい音だと、無意識に判断してしまうのです。

テレビ番組の『タモリ倶楽部』に「空耳アワー」というコーナーがありますが、日本人の大人の脳にとって、ネイティブの英語は、雑音か空耳アワーのどちらかなのです。なんて悲しいことでしょう。

大人の場合、日本語脳が英語の習得を邪魔しています。この壁を乗り越えるには、**意識的に新しい脳の回路を作ること**が必要なのです。

脳内に英語回路を作る

言葉は、脳の言語野という部分が扱っています。

言語野は、理解や表現をつかさどっており、前言語野（運動性言語野：言葉を話す機能）、後言語野（感覚性言

語野：話と文字の理解や書く機能）、上言語野（前言語野を補助する機能）という、3つの領域がお互いに協力し合って機能しています。

　日本語を話す人と、英語を話す人とでは、言語野の中でも違う場所が働いているようです。ところが面白いことに、外国語を使うときは、母国語を使うときと同じ言語野が働くようなのです。つまり日本人が英語を使うときは、日本語を使うときと同じ言語野が働いています。

　私たちが英語を自由に使えるようになるためには、日本語の回路の上に英語の回路を作り、新しく言語野を「鍛えなおす」必要があるのです。

〈脳の回路図〉

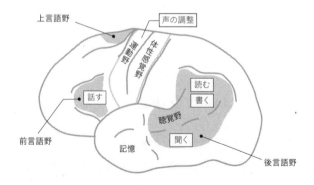

大人になって、英語の回路をゼロから作るのは大変です。すでに日本語の情報が入っている場所に、新たな回路を作る必要があるからです。

　脳を土地だと考えてみると、日本語用の建物がすでに建っている場所に、どうにか狭い空き地を見つけて、「ここに英語用の建物を造りましょう」と言っているようなものです。

　一方、子どもの脳の中は、空き地だらけです。「英語と日本語を両方処理するような建物を造りましょう。空き地はたくさんあります」という状況なので、素材（環境）さえそろっていれば、すぐに新しい建物を建て始めることができるのです。

　私は、父親の仕事の関係で、8〜10歳まで、アメリカに住んでいました。ニューヨークのクイーンズという場所で、マンハッタン島から、車で15分程の郊外にある町です。中流階級の人々が住んでいる地域でした。

　1年半、現地の小学校に通うことになりました。ABCさえわからない状態で、とにかく、英語三昧の環境に飛び込んだわけです（笑）。

　耳に入ってくる音は、1日中英語ばかりで、家に帰るまで、日本語の環境はありません。その小学校に通っている日本人は、当時、私を入れて3名でした。同じ学年

には、日本人は私しかいなかったので、学校の友達はみんなアメリカ人。

　私は、ひたすら英語環境に浸ることで英語を習得しました。誰かが英語を教えてくれるわけではなく、本屋さんで買ってきた音声教材のカセットテープの真似をしているうちに、なんとなく音が判別できるようになってきて、いつの間にか自分で話すことができるようになったのです。

私の英語が上達した瞬間

　私がニューヨークへ行ったのは、小学校３年生のときなので、アルファベットも教わっていませんでした。黒板に書かれている ABC の文字は、文字としての意味を持たず、絵や記号やデザインの一種として見ている感覚でした。意味を持たない記号やデザインが、頭の中に一気にワーッと入ってきて混乱していたのが、時間がたつうちに、だんだんと意味を持つようになってきたことを覚えています。

　同様に、話し言葉も、はじめは「ただの雑音」でした。英語は、当時の私にとっては「ワー、ウゥンウゥンウゥン」という、何の意味も持たないような雑音だった

のですが、それがだんだん単語として聞き取れるように
なっていきました。

　**聞き取れるというのは、まずは単語の切れ目がわかっ
てくるということ**です。「ウゥンウゥンウゥン」と、ひ
とつながりに聞こえていた音が、いくつかの塊がつなが
ってできているのだとわかるようになるのです。だんだ
んと、1つの塊が単語として聞き取れるようになり、や
がて、"Tuck in your chair."（イスを机の下に入れて）と
言われたら、その chair という音が1つ、単語としてく
っきりと浮き彫りになるような感覚です。

　わかる単語が徐々に増えてくると、次はキーワードを
つなぐ in などの「間の言葉」も聞こえるようになりま
す。そうして、聞き取れる範囲がだんだんと広がってい
きます。

　テレビにたとえると、聞き取れない状態は、映像が乱
れている感覚に似ています。だんだん聞き取れるように
なる過程は、昔の白黒テレビのような解像度の悪い画面
が、時代とともに4Kテレビのくっきりとした画面へと
変化していくようなイメージです。

　たとえば、乱れた映像の中に、「あ、オバQがいる」
とか、「パーマンが飛んでいる」とか、輪郭として徐々
に線が見える状態が、英語習得では、音を単語として理
解できる段階です。次に、白黒の輪郭のキャラクターに

色がついて、くっきりと現在の４Kテレビみたいな画面として認識できるのが、話の内容を自然に理解できる段階なのです。

　大変失礼な言い方になってしまいますが、多くの日本人の英語力は、ぼやけた白黒テレビのように、英語が雑音だらけで聞き取れない段階にとどまっています。

　大人の場合は、日本語の音に関しては解像度が高いのです。日本語は「くっきり」していますよね。日本人が日本語環境で生活するときには、英語の音は当然いらないものであり、雑音として処理されてしまいます。子どもの場合は、英語環境で時間を重ねることで、自然に乱れた映像が４Kテレビへと変わるのですが、大人が聞き流しの勉強法だけで、英語の「解像度」を上げるには、とても長い時間がかかります。

数千時間で
誰でもバイリンガル？ 重要

　脳がなんらかのスキルを習得して、その分野のエキスパートになるためには、１万時間が必要だといわれています。将棋のプロ、声優、作家、熟練工、看護師、コックさんなど、職業としてやっていくためには、脳を１万

時間は鍛える必要があるのです。

　ただし、声優や作家といったプロフェッショナルになるのに1万時間必要ということは、裏を返せば、**ふつうのバイリンガルなら数千時間で足りる**のです。

　日本語の学習を例に考えてみましょう。まず、日本に住んでいる私たちは、常に日本語環境にいるといえます。日本語に接している時間は、つまり日本語の訓練時間です。

　脳が日本語を集中的に受け取る時間をかなり少なく見積もって1日3時間としましょう。そうすると1年で約1000時間。乳児の頃は寝ている時間も多いので、勘定に入れないようにして、6〜7年あれば、余裕で5000時間の訓練が達成でき、ほぼ日本語が自由に話せるようになるというわけです。6〜7歳というと、ちょうど小学校に入る年齢ですよね。

　一般的には、小学校に入る頃の子どもは、たいていのことは話せます。つまり、日本語を習得するまでに、数千時間が必要というのは、経験的にも充分に納得できるのです。

　数千時間を経て、「聞く」「話す」ができるようになると、次は、「読み」「書き」を学ぶのが、母国語の学習です。「読み」「書き」に習熟するには、さらに数千時間が必要になります。

これまでにあなたが 英語の音に触れた総時間は？

　英語が「聞き取れない」「話せない」ということで悩んでいる人は、自分の脳が、**これまで英語に何時間触れてきたか**を思い返してみてください。特に、英語を「聞くこと」「話すこと」に、どれくらい時間を費やしたかを振り返ってみてください。「読み」「書き」と「聞く」「話す」は、使いこなせるようになるまで、それぞれに数千時間を要するスキルなので、分けて考える必要があります。

　日本人の多くは、英語を「読むこと」「書くこと」の勉強に、最低でも数千時間を費やしているでしょう。平均的には、学校で週に5〜6時間であり、さらに、自宅で復習している時間も加えると週に10時間、1ヵ月に40時間ぐらいは勉強しているかもしれません。

　ところが、日本人の脳は「聞くこと」「話すこと」に触れる時間は、とても少ないのです。中学校や高校の授業で、いつも先生の英語を聞いて発音も練習していたので、それなりの時間は費やしてきたと考える方も多いと思います。ただ、残念ながら、日本人の英語の発音は、「ジャパニーズイングリッシュ」といわれる、日本語の音韻に引っ張られた発音になりがち。それは先生であっ

ても例外ではないでしょう。

　ここで大切なのは、「英語の教科書を日本語の発音で読むのを聞いていた時間、朗読していた時間は除外して考えよう」ということです。**それは、残念ながら、日本語の練習だったのです（涙）。**

　自分がこれまでどれだけの時間、本当の英語に触れてきたのかを、虚心坦懐に書き出してみてください。もし仮に、本当の英語の勉強に5000時間以上費やしてきたという人がいたら、その人にこの本は不要です。もう英語のバイリンガルになっているはずですから（笑）。

　本当の英語の発音に触れている時間を計算すると、多くの日本人は「100時間程度」かもしれません。そうであれば、数千時間までの道のりのうち、まだたったの数パーセントしか到達していないのですから、英語を自由に話せないのは当たり前です。数パーセントの学習時間で話せるようになる人がいたら、もはや、語学の天才といえるでしょう。

英語で「飛ぶ」ためには 重要

　では、どれくらいの期間、「口トレ」をすればいいのでしょう？　1日30分の人は、1週間で3時間。1カ

月で12時間。1年で144時間、10年で1440時間という計算になります。果てしない道のりで無理！と思った方……ご安心ください。

　すでに述べたように、1万時間は、ネイティブのアナウンサーや作家のように完全に使いこなせる段階に到達するまでにかかる時間です。一般的には、数千時間を費やせば、バイリンガル並みの英語力が身につきます。ですから、観光やビジネスで「怖くなくなる」ためには、もっと短い訓練期間でいいのです。個人差が大きいのですが、それこそ、集中して100時間も頑張れば、英語に対する安心感が芽生え、さらに100時間頑張れば、英語で日常生活がこなせるようになるでしょう。

　ここでちょっと、パイロットの訓練を例に出してみましょう。セスナを操縦したいのなら100時間、航空会社で副操縦士になるための飛行訓練時間は250時間、機長になるには1500時間が必要といわれています。年数でいうと、副操縦士になるのに4～6年、機長になるのに15～20年を要するそうです。これからわかることは、1万時間というのは、超ベテランの教官クラスに相当するのであり、実際は、100時間以上頑張ればセスナは飛ばせる、ということです。

　あれ？　さきほどの数千時間というのはなんだったのでしょう？　100時間でいいんじゃないの？　数千時間

なんて、竹内さん、無理な要求しすぎ！

　読者の怒りの鉄拳が飛んでくる前に説明しておきましょう。飛行訓練は、極端な集中状態の時間数です。それに対して、英語の勉強で、そこまでの集中状態を保つことはムズカシイように思います。学校の授業でも、1時間ずっと、極度の集中を保つことはできません。

　となると、機長になるのに必要な1500時間と、英語でバイリンガルになるのに必要な数千時間というのは、技能の習得という意味では、矛盾しないのです。

　おおまかな目安をまとめてみましょう。

英語の不安をなくす＝100時間
仕事に英語を使う＝250時間
英語で商談をスムーズにまとめる＝1000時間
英語のバイリンガル＝数千時間

　こんな感じでしょうか。**1日30分で1年頑張れば、英語に対する不安は絶対になくなります。**まずは、ここを最初の目標として頑張ってみてはいかがでしょうか。

　そういえば、先日、ある経済誌の英語特集で「英語は7割でイケル！」という記事がありました。現代のグローバルビジネスは「7割英語」で乗り切れるということを扱った記事です。7割とは、TOEIC® を基準としたら

600点。このレベルであれば、充分にビジネスの場でコミュニケーションができるし、このレベルまで身につけることで、英会話力は飛躍的に伸びるという内容でした。

　本書を手に取っていただいた読者も、英語を身につけたい理由や、そのゴールは人それぞれかと思います。日本人は、外国語として英語を勉強しているのですから、まずは「セスナ」並みの自律飛行を目指していけばよいのです。

「読み」「書き」の蓄積はムダではない

　英語を話せるようになりたいと思っているのに、「読み」「書き」の時間にばかり費やして、英語の音に触れる時間はあまり作れていなかった……という人も、肩を落とす必要はありません。

　これまで、「読み」「書き」に費やした数千時間は決して無駄ではなく、すでに頭に入っている能力は、後々必ず役に立ちます。

　たしかに、ネイティブの子どもたちの場合は、まず「聞く」「話す」を習得することに、5000時間を費や

し、その後に「読み」「書き」を学んでいきます。

　たとえば、アメリカの子どもは「聞く」「話す」が、しっかりとできる段階に到達する小学校３年生、４年生、５年生のときに、**「ディクテーション」**（先生が話した言葉を文字に書き起こす訓練）で、「読み」「書き」を学ぶのです。

　日本人の英語学習は、母国語を学習する順序とは逆の順序で学んでいますが、先に「読み」「書き」を学んでいることには、強みもあります。

　多くの日本人の英語学習者は、学校の授業によって頭の中に数千時間分の「読み」「書き」の能力がすでに備わっている状態にあります。

　言語として、総合的にきちんと使えるようになるには、「読み」「書き」の知識は必要ですから、あと100時間、「聞く」「話す」という、音に特化した練習を重ねると、全体としては、「聞く」「話す」「読む」「書く」という、かなりバランスの取れた英語学習時間となるでしょう。

ウルトラＣを目指せ！

　繰り返しますが、母国語である日本語は、特に意識せ

ずに自然に発音できるのですが、英語の発音は、これまでに経験したことのない口の形、口の動きが必要となります。体操にたとえると、これまで一度もやったことのない新しくて難しい技に挑戦している状態です。

　1964年の東京オリンピックで、体操の日本男子チームが生み出した「ウルトラC」という言葉があります。当時の最高難易度C以上の技のことで、当時は「大逆転技」というような意味で流行語にもなりました。

　英語の発音の練習をするときは、ウルトラCに挑戦するのと同じだと思ってください（笑）。自分が慣れている口の形ではない、筋肉の使い方ではない、新たな体操に挑戦しているのですから、はじめはうまくいかなくても、それは当然のことです。練習を重ねることで着実に上達します。

「二丁拳銃方式」のススメ 重要

　さて、ここまでで、英語習得絶対法則の原理的な説明はしてしまいました。でも、まだ、肝心なことが抜けています。それは、「どうやって練習すればいいのか」。具体的に、大人が耳コピをするために「発音フィードバック」、すなわち「口トレ」の訓練をどのような方法です

ればいいのでしょう？

　発音を習得するための練習は、とてもシンプルです。

　準備するものは、

１、録音と再生ができるもの

**　　（ＩＣレコーダー、スマホ、パソコンなど）**

２、お手本となるキレイな発音

この２つだけ。

　現在は、スマホを持っている人も多いので、録音するための機器を準備することは簡単です。iPhoneであれば、「ボイスメモ」機能などのアプリがありますし、カメラの動画撮影でも音声が記録されます。また、ＩＣレコーダーも数千円程度の比較的お手ごろな価格で売っています。

　お手本にしたい音声（まずは本書の「コドモ英語」！、92〜119ページ）を聞いたあとに、自分で発音した音をスマホ等に録音して、それを再生して発音の違いを確認する。これを繰り返すだけです。

　また方法は、次ページの通りです。これを繰り返すことが「口トレ」（発音フィードバック）です。

口トレの方法

ステップ1　お手本を聞く

ステップ2　お手本の音を真似して録音する

ステップ3　再度お手本を聞き、
　　　　　　録音した自分の発音と比べて確かめる

簡単ですよね？　でも……残念ながら、この方法、実際に試してみると、恐ろしく面倒くさいんです。実際、言語習得に限らず、音楽やダンスなどでも、録音・録画によって、お手本と自分のパフォーマンスの「差」を認識して「修正」することが、上達の近道であることが経験的に知られていますが、ほとんどの生徒は採り入れようとしません。それは、ひとえに面倒くさいからなんです（汗）。

　人間の脳が何かを学ぶときには、フィードバックが必要です。でも、実際に効率よくフィードバックをかけようとすると、面倒くさい方法しかないので、誰もやらない！　ううう、なんて悲しいことでしょう。

　そこで、いよいよ、竹内式英語習得絶対法則の「秘技」を公開したいと思います。それは……。

【秘技】英語の口トレは二丁拳銃でやれ！

すみません、なんだか意味不明ですよね。ちゃんと説明しますので、ご心配なく。

　英語の耳コピには、スマホやICレコーダーなどの機器が必要だと書きました。ほとんどの読者は、「じゃあ、手持ちのスマホでやってみるか」、あるいは「ICレコーダーを１台導入するか」と考えたのではないでしょうか。でも、実際にやっていただければわかるように、お手本を再生して、自分の声を録音して、その２つを聞き比べるという作業は、気が遠くなるほど面倒くさい。これじゃあ、絶対に長続きしません。でも、私はどこにも「１台」と書いた覚えはありません。

　ね？　もうおわかりでしょう。二丁拳銃とは、音声を再生する機器や、スマホ、ICレコーダーなどの録音するための機器を２台使いこなして英語をマスターする、という意味なのです。

【二丁拳銃のススメ】スマホやICレコーダーは必ず２台使え！

　理想的には、録音・再生ができる装置とカードのような出来合いのシステムがあればいいんです。だから、「私は大人だけど、ウチの子が使っている英語教材のカードを使うよ」という人は、それで全然かまいません。

　竹内式の秘技は、より一般的に、自分の好みのお手本

で練習したい、という人に役立つよう考えたものです。
それは、こんな具合にやります。

　　１台目で録音開始！
　　　　　　↓
　　２台目でお手本を再生し、
　　お手本の音声のあとに自分の声でフレーズを繰り返す
　　　　　　↓
　　録音終了して、再生して聞き比べる

　　こう書くと、なんだか、ややこしい感じがしますが、
実際の練習の手順は、図式的には、次のようになりま
す。

【ステップ前半】録音（お手本再生→真似て自分が発音）
【ステップ後半】再生（お手本→自分の発音）

　　これでもわかりにくいかもしれませんので、ダメ押し
で、次ページのイラストによる解説をご覧ください。

　　この「二丁拳銃方式」、最初は、どのボタンを押して
いいか迷ってしまい、うまくいきませんが、西部劇のガン
マンよろしく、ちょっと練習してみてください。スマ

ホやＩＣレコーダーやパソコンの種類によって、操作法が違うので、場合によっては、スムーズに二丁拳銃が使えないことがあるかもしれません。まずは、いま、お使いになっている機器で試してみて、2台目を購入される際には、店頭でいじって、スムーズに二丁拳銃方式ができるかどうか、確かめてください。使いにくい録音機器だと、結局、「面倒くさい」ということになって、長続きしません。

　この二丁拳銃の耳コピで練習する場合、再生するファイルは、フレーズごとに分かれていないと困ります。お手本のファイルにたくさんの会話が録音されていると、1台目のお手本フレーズを1つ聞いた直後に止めないといけません。いくら早撃ちガンマンでも、そこまで複雑な作業をやるのは困難です。

　でも、ご心配なく。この本の音声「コドモ英語」は、ちゃんと二丁拳銃方式が実践できるよう、1フレーズ1ファイルになっています。小分けのファイルは、拳銃の弾丸と同じ。ただし、**お手本は間隔をおいて3回録音されています。** 1発だと当たらないかもしれませんが、3発撃てば、的中率は上がるでしょう。

　つまり、最初は聞き取るのに精一杯で、次でなんとか真似ができて、3回目で微調整する、という人間心理を考えて3回録音することにしました。3発ずつ狙いを定

めて敵（英語）を撃ってください（註）。

　註：「コドモ英語」以外のお手本で二丁拳銃をやる場合、音声編集ソフトで、お手本のファイルを小分けにしてから１台目に録音することをオススメします。その場合、間隔をおいて３回録音するのでは、まるで教材を作成している業者みたいになってしまい、大変かもしれません。単純に１ファイル１フレーズで小分けファイルを作ることをオススメします。二丁拳銃で１発ずつ撃って口トレすることになるので、ちょっと忙しないかもしれませんが……。

　ここでご紹介した二丁拳銃方式は、原始的なわりに簡単なことがメリットです。でも、高機能なアプリを使えば、一丁でも同じことができます。スマホやパソコンで多重録音できるアプリを活用すればいいのです。うまく使える方は、お手本の音声に多重録音しながら練習してみてください。

発音は図解よりも「音の再現」が重要！

　正しい英語を身につけようと、発音の図解を見ながら

勉強した人も多いのではないでしょうか。

　きれいな発音をするためには、「舌の位置は○○で、※※のような口の形で」……と。

　しかし、図で見たり、頭で考えたりしても、自分で実際に経験しないことには、正直あまりわかりません。図には頼らずに、音を忠実に再現すること、ひたすらフィードバックを続けることをおすすめします。

　正しいお手本を聞いて、自分で発音して、違いを認識して、正しい発音になるように修正する。

「結果→修正→やり直す」というこの方法は、コンピューターの人工知能が徐々に知能を上げていくときの学習方法に使われています。人間の脳も同じです。フィードバックが必要なのです。

　ここで１つの例として、"sixth" という言葉について考えたいと思います。意味は誰でも知っているように「６番目」。アメリカの新型のエレベーターでは６階に着いたら "sixth floor"（６階です）とエレベーターが発音してくれます。この発音、日本人が苦手とする発音難解単語の代表例だそうです。

　はじめはうまく言えずに、多くの人は「シックスス」と発音することでしょう。でも、ネイティブの発音は「すぃっくす・th」なんですね。sとthは日本語では同じ音に集約されてしまいますが、英語ではまったく別の

音です。実際、舌先の位置も、ｓのときは下の歯茎に当たっていますが、th のときは上の前歯に触れているのです。

　ただし、こういう説明は、すでに発音できている人には理解できますが、これから練習する人は、「あくまで参考程度」にしたほうがいいのです。大事なのは舌の位置ではなく、聞き比べて音が再現できるかどうかなのです。ですから、あまり難しく頭で考えすぎずに、**試行錯誤で、行きつ戻りつ、音を再現する**ようにしてください。音を聞いて、その音を再現する。繰り返し練習を続けると、当然のことながら、徐々にネイティブの発音に近づいていきます。

　数日たってもできるようになるとは限りませんし、特に不慣れな発音の場合は、どうすればその音が再現できるかわからないこともあります。そのときも、口の中の図を見て再現しようとしたり、口の動かし方を頭で意識しすぎたり、悩んだりせずに、同じ「音」を出そうと試行錯誤してください。それが正しい発音の練習方法です。一種の謎解きだと思って、楽しんで取り組んでみてくださいね（笑）。

　音を近づけるためのプロセスは面白いものです。一度も発音したことがない音を、口の動きを探しだして、同じ音を出すという経験は、楽しいゲームみたいなもので

す。

　もう1つ重要なのは、**文字を確かめるのは最後にする**ということ。聞き取りと発音ができてから、文字を確かめればいい。そうすると、発音からは予想できなかった綴りで驚くという発見の妙もあるでしょう。

最初のうちはテキストに頼らず
耳を澄まそう（見てもいいけれど）

　英語を話すことと、ピアノで耳コピして曲を弾くことは、その習得の過程がよく似ています。はじめて聴く曲を、楽譜なしでピアノで再現してみるとします。最初は間違えますが、何度も聴いて、10回、20回とチャレンジすれば、メロディが再現できるようになります。その段階まで到達すると、自動的に暗譜できているので何度でも演奏することができるのです。

　音楽は、楽譜に頼って弾いていると、なかなか暗譜することができません。それどころか楽譜ばかり見ていると、楽譜がないと弾けなくなってしまいます。

　楽譜を目で見て指に伝えることは、英語の単語の綴りを見て発音するのと同じです。ピアノの練習でよくわかるのは、まったく聴いたことのない曲をはじめて弾くと

き、一般的な人は、楽譜だけ与えられても、なかなか上手に弾けるようにならないということです。

　ピアノの場合、いちばん大切なのは音の再現ですから、「耳と指」で練習しないと、楽譜に引っ張られてしまいます。まずは上手なピアニストのお手本を聴くこと。目指したい上手な演奏を聴いてから、楽譜で確認するのがいちばんです。そうすることではじめて楽譜の語っていることがスッとわかります。

　英語の場合も、話すという目的のためには、まずテキストを見ずに、耳で聞いて発音してみること。正しい音を覚えるためには、「耳と口」で練習するのが上達の近道です。テキストがあると、どうしても字面を見て、それに引っ張られ、気づかぬうちに、いわゆるカタカナ英語、棒読みの英語になってしまいます。そういった練習では何の意味もないのです。**虚心坦懐に音だけに集中することが重要**です。

　テキストは、確認のために使いましょう。「あの音は、こういう単語だったのか」「全然判別できなかった発音は、こういう綴りだったのか」という発見や気づきがあります。そこから修正して音を再現してください。

　また、巷でよくいわれている聞き流し英語は、聞いた後に何をするかが大切です。たくさん聞いて、たくさん練習（発音）しないと意味がありません。誤解のないよ

うに強調しておきますが、**市販の聞き流し英語の教材がダメだということではありません。**聞くだけでなく、耳コピしないとダメだと言いたいのです。教材の問題ではなく、**あなたがその教材で何をするか**、ということが問題なのです。

「書くこと」については、楽譜も、英語も、とてもよく似ています。英語は、ほぼすべての人が書くことを求められますが、ピアノの曲は、作曲家ではない限り楽譜を書く機会はほとんどありませんので、その必要性と意味合いはすこし違いますが、音とそれを書き記すものとしての関係性はよく似ています。

　暗譜した音楽は、楽譜に書き表すことも可能ですが、楽譜には、音の完璧な再現能力はありません。楽譜を正確にコンピューターに読ませたとしても、決して、ピアニストが弾くような音楽にはなりません。また、楽譜どおりの演奏がいい音楽になるわけではないということから、**楽譜に書き表せない要素がたくさんある**のだということがわかります。特に、ジャズなどは、すばらしいリズムを楽譜に書き表すのは、ほとんど不可能です。

　私は、大学生の頃、モーツァルトのピアノ協奏曲を楽譜で分析するという授業を取っていました。モーツァルトがどういう意図をもってその音楽を作ったか、歴史的な経緯も踏まえて勉強しました。しかしながら、その曲

の楽譜について詳しく学んでも、残念ながらピアノで弾くことはできません。それはもちろん、知識をつけただけで、ピアノで再現する努力をしていないからです。

英語の文法や綴りを覚えても、発音しなければ話せないという状況に似ていますね。楽譜を勉強するときは、もちろん全体の構造を学びますが、楽譜の行間を読んでいく必要もあります。そして、実際に自分で曲を再現することが必須です。録音して、お手本と比べて、自分の弾いたものはどうだったかを確かめることが重要です。

英語も実践してみると、文字だけからは読み取れない口の動きや空気の流れがあり、このあたりも英語と音楽は似ていると思います。

まずは単語から始めよう

最初のステップでは、単語に意識を集中して聞いてください。

もちろん、自分が知っている単語でいいので、口トレのフィードバックをやってみてください。多くの日本人は、「読み」「書き」のスキルがあるので、会話に必要なほとんどの単語は蓄積されています。ネイティブの音を再現できるように訓練することで、**これまで温存してき**

た単語力が完成されるのです。綴りで覚えている単語を、音で理解すると、頭の中で培ってきた「読み」「書き」の知識とリンクして理解が深まります。

　相手の言っていることが理解できるようになると、英語そのものが、とても楽しくなってきます。**日本人は英語の宝の持ち腐れ状態**です。頭の中にたくさんの知識があるのに、音とリンクできていないからです。頭の中で、リンクを作るために、発音の訓練、口トレのフィードバックがとにかく大切なのです。

１日15分でも習慣化

　はじめは、"air" とか "light" とか、誰でも知っているような、基本的な単語からでよいのです。知っている単語の発音をとにかく真似るのは、愚直な行為に思う人もいるかもしれませんが、１年間やったら、劇的に英語のリスニング能力、スピーキング能力は上がります。

　ただし、きちんと真似ができるまで「やりぬく」ことが大前提です。きちんと真似ができていないのに、次の単語にいくことは問題ありません。でも、必ず後で「できていない単語」の練習に戻ってきてください。

　通学、通勤中に、イヤホンをつけて学習している人を

多く見かけますが、残念なことに、**口トレは電車の中で
はやりにくい**ですよね。電車の中で発音していたら、お
かしな人に思われるかもしれません。同じ音を繰り返し
口に出し、微妙にお手本とずれたものを機械で再生して
いるのを誰かに聞かれたら、恥ずかしい思いをしたうえ
に、かなり怪しまれてしまうかもしれません（笑）。

　実際に発音して、フィードバックをかけるためには、
きちんと取り組める環境を作りましょう。多くの人は自
宅で実践できると思いますが、とにかく、フィードバッ
クをきちんとかけられる時間と場所を作ってください。

　練習時間は、毎日30分が理想的ですが、難しければ
15分でもかまいません。たとえ1日15分でも、「口ト
レ」を続けたら、1年間で飛躍的に英語の力は伸びるで
しょう。まずは、1日15分でもよいので、ぜひ習慣化
してください。

英語はカラオケでも学べる

　口トレはカラオケでもできます。いや、歌なので「歌
トレ」というべきでしょうか（笑）。

　ジャズ・チャンツ（jazz chants）のように、ジャズの
リズムに合わせ、英語の「聞く」「話す」能力を伸ばす

学習法もありますし、もっと気軽に、カラオケで自分の歌声を録音して、きちんと発音できているかをフィードバックしてもよいでしょう。

　歌には、上達の早い人と遅い人がいます。この差も、フィードバックができているかどうかです。自分の歌声がきちんと聞き取れる人は、無意識に子どもの頃からフィードバックをしているのです。歌が得意な人は、聞いたものを自分で再現する能力が高く、自分の歌声を原曲と比べて、調整して訓練しているのです。

　基本的に、音痴の人はあまり自分の歌を聞いていないはずです。自分が音程をとるのが苦手だと感じている人も、実はフィードバックをかけることで、きちんと歌えるようになります。単語や文章の訓練では面白くないと感じる人には、自分の好きな歌手の英語の歌がおすすめです。

　ここで注意点をいくつか挙げておきたいと思います。

　まず、練習を続けると基本的には自分のお手本と同じ英語を話すようになるということです。ロック歌手などには、相当汚い英語の人もいることを念頭に置いてください。それはイギリスのロンドンの下町の下層階級の人が集うエリアで使われている英語かもしれません。本当はキレイな英語を習得したい人が、気づかないでそのような英語を真似してしまうと、たとえば、旅行先のロン

ドンでレストランに入ったときなどに、店員に驚かれることになるかもしれません（笑）。**どの歌手を真似するかというお手本選びは実は重要**です。

　また、ネイティブではない人も、たくさん英語で歌を歌っているということをお伝えしたいと思います。その場合、ネイティブの人が聞くと、国特有の訛りを感じます。その訛りまで、あえて習得する必要はないということです。スウェーデン訛りの英語を習得するためにアバを聴く（アバの場合は、訛りは強くはありません）のは、果たしていいのかどうか、それは私にはわかりません。

　ビートルズの英語は、リバプールという下町の言葉を使っていますが、曲も手に入りやすいので、私は推奨したいと思います。もし、ビートルズが好きなのであれば、お手本にされるのがいいと思います。基本的には、好きな曲で勉強するのがいちばんです。

　また、歌詞では、たくさんの単語が入っているほうがよいですね。できれば、絶叫系の曲ではないほうがいいでしょう。絶叫を正確に真似しても、残念ながら、英語の学習にはなりません。また、絶叫系の曲は、絶叫している分、単語も少ないでしょう（笑）。自分に合ったスタイルを見つけて、ぜひフィードバックを実践してください。

シャドーイングは中級ステップで

　英語の音韻に口が慣れて、正しい筋肉の使い方もできている段階に達したら、シャドーイングという方法もあります。お手本の音に影のように付き添って再現する手法ですが、音韻が自分の頭に入っていて、スッと口で再現できる人にとっては、とても効果的な勉強法です。

　私が残念に感じているのは、英語の音韻に関して、**まだまだ初級の人が、本来は中級ステップであるはずのシャドーイングや音読に、最初からチャレンジしてしまい、せっかくの上達の機会を逃している**ことです。

　音韻が完成されていない人は、瞬時にネイティブと同じ音を出すことはとても難しいのです。ネイティブのスピードに合わせようと、慌てて真似した結果、日本語の音韻で英語の文章を読むことになってしまっては、残念ながら効果はあがりません。

　ピアノの練習でいうと、いくら耳コピをしても、指の練習をしっかりやっていないと、いろいろな技術に指の動きがついてこないような状態です。英語の場合は、口の動きがついてこないのです。

　これまでに英語の音にあまり触れてこなかった人が、いきなりシャドーイングにとりかかるのは時期尚早です。ネイティブの音韻に慣れる前に、シャドーイングと

いう次のステップに進むのは控えましょう。シャドーイングをしているようで本当はできていないという状況に陥（おちい）ります。それに気づかずに時間をかけていると、「一所懸命やっているのに効果があがらない……」と思い、モチベーションが下がるという負の連鎖につながってしまいます。

「プチ英語漬け」のススメ

　海外に留学して「たっぷり英語漬け！」もいいですが、いまは自宅でＤＶＤや配信映画をたくさん見ることで「プチ英語漬け」になることも可能です。

　たとえば、洋画を見るときは、１回目は日本語字幕ありで見て意味を理解し、２回目は字幕無しで英語だけ聞くという見方をすれば、英語の訓練をしていることになります。

　２時間の映画であれば、２時間の英語体験です。単に洋画を字幕付きで見ているだけでは、英語の訓練よりも日本語を読む訓練になってしまいますので、注意してください。

好きな映画を、試しに10回くらい見てください。英語を繰り返し聞いているうちに、はじめは聞き取れなか

った英単語が、だんだんと識別できるようになってくるのがわかります。

　ストーリーを把握していることで、わからない単語が出てきても意味を推測できます。また、耳が慣れて聞き取れる部分が増えてきたとしても、「ここのセリフがわからない」というシーンはあるでしょう。そのときは、奥の手で「英語の字幕」を出して確認するのです。ただし、映画全体を英語の字幕付きで見てはいけません。あくまでも最終手段、奥の手として活用してください。

【映画で英語】
英語で見る（日本語字幕あり）→英語で見る（日本語字幕無し）→わからないところだけ英語の字幕で最後にチェックする

しばらく二丁拳銃で練習したら、仕上げはディクテーション！ 重要

　さきの項でテキストに頼らず、耳を澄まそうと述べました。でも、「最初のうちは」という条件がつきます。
　ピアノで曲を弾くときには、「音楽を聴く」「自分の手で再現する」「楽譜を見る」という３つの要素があり、

耳で聴いて鍵盤で再現（耳コピ）するのが理想的な練習方法です。そのうえで、自分で楽譜に書き残しておくのです。書くことによって、曲の構造がわかり、理解が深まることもあります。聴いた音楽の単なる真似ではなく、さらに深い意味合いや構造がわかるので、自分で耳コピした曲を、楽譜に書いてファイルしておくのは重要なことです。

　英語の学習の場合も、「ネイティブの発音を聞く」「発音を再現する」「書いて確認する」という、３つの要素があります。最終確認で、発音を聞きながら「書きトレ」（ディクテーションといいます）をすると、「読み」「書き」が一緒に学べることになります。

　多少順序の違いはあるとしても、３つの要素は、仕組みとしては似ています。「聞く」「再現する」「目で確認する」。この３つの循環を、何度も繰り返し練習して、はじめて語学は習得できるのです。

　実は、耳コピという言葉の「コピ」（写し取る）には、発音を写し取ることと、テキストを写し取ることの、二重の意味合いが含まれています。耳で聞いて、その音をコピーして、それから文字もコピーするのです。

耳コピ＝口トレ＋書きトレ

聞き取った音を文字で書いてみる「ディクテーション」について、もう少し突っ込んで説明しましょう。

　これは、アメリカの小学生が、英語の授業で学んでいる方法です。先生が文章を朗読し、子どもはそれを聞き取って「書きトレ」をします。すこし長めの文章を1枚の紙に書いていきます。書き終わったら、先生はそれを黒板に書きだして、生徒は自分の聞き取りが合っているかどうかを確認するのです。

　「1」が2つある単語なのに1つしか書いてないとか、単純にスペリングが間違っていることもあるでしょう。文章の途中にある小さな言葉や冠詞が抜けていたり、複数形の綴りを間違えたりするかもしれません。そういう細かいところをフィードバックによって修正します。聞いて意味は理解できても、書き取って再現してみると、いろいろな気づきがあります。正確に書くという作業で確認するのです。

　お手本の発音を口で真似できるようにするのは、「聞く」「話す」の訓練です。次の段階として、自分で字として書いてお手本と一致していれば、「読む」「書く」「聞く」「話す」が、総合的に完成するのです。

　ディクテーションは、最終確認をするために重要な方法です。また自分が本当に聞き取れているか不安になったときの対処法にもなります。日本人の場合は、ディク

テーションで単語や文章を正しく書き取ったのに、その意味がわからないというケースは、少ないでしょう。

また、聞き取っているうちに、だいたいの規則性が見えてきて、「書きトレ」が楽になっていきます。覚えている語彙が少ない場合には、単語の綴りや意味を知るのに辞書が必要になることはあると思いますが、自分で再現できた場合は、その意味もわかっているはずです。つまり、**その英語を完全に理解しているということになりますね。**

「コドモ英語」で発音の耳コピができるようになったら、仕上げとして、次の「書きトレ」を試してみてください。

書きトレの方法
ステップ1 音声で「コドモ英語」のフレーズを再生する
ステップ2 それを紙に書き取る
（スマホやパソコンに打ち込んでもかまいません）
ステップ3 本書の「コドモ英語」のテキストと比べて修正する

ね？ 発音の「口トレ」と同じで、結局は、見比べて

修正する「フィードバック」が学習の基本なのです。このディクテーションができたとき、あなたは、英語の「超入門」を卒業したことになります。

ディクテーションは
お気に入りの映画でもできる

　お気に入りの映画を使ったディクテーションの練習も推奨します。アニメや実写の洋画などジャンルは問いません。はじめは短い作品を選ぶとよいでしょう。または長編映画の一場面でもいいと思います。

　これは一例ですが、私は『シャレード』（*Charade*）（ユニバーサル・ピクチャーズ）という映画が大好きです。1960年代の古いアメリカ映画で、何のへんてつもない泥棒映画なのですが、とにかく大好きで何十回も見ています。オードリー・ヘップバーンと、ケーリー・グラントが主演しています。

　とにかく何十回も見たので、映画の場面とともに英語のセリフが頭に入っていて、すぐに出てきます。これが、自分が本当に好きな映画を選ぶ最大の理由です。何度見ても飽きないような楽しい作品を、セリフが再現できるようになるまで繰り返し見てください。2時間分の

映画のセリフを覚えれば、英語の引き出しは相当増えるでしょう。

いまは法律的に許されませんが、私の子ども時代は、大きなラジカセを持って映画館に通っていました。音質も悪くて、雑音だらけの録音でしたが、録音したものを聞いてもう一回楽しんでいたのです。

当時は、映画のビデオも存在せず、いまみたいに封切りから約半年後にはＤＶＤや配信になる時代ではありませんでした。英語を学ぶ環境という意味でも、現代は本当に恵まれています。さらに、簡単な操作だけで英語の字幕を出せるということは「テキストがある」状態です。映画そのものが英語学習の教材になっている時代なのです。これを使わない手はありません。

洋画ならジャンルにはこだわりません。アニメでもホラーでもいいのです！ 好きなものを完全に覚えましょう。

そのうえで、**英語のセリフを書き取る練習**をしてみてください。先生が話した言葉を書き取る代わりに、好きな俳優やキャラクターが話す言葉を書き取ればよいのです。模範解答は英語の字幕です。

話していたセリフを聞き取れていたか、スペリングが正しく書けていたかを確認しましょう。最初は、スピードについていくのが大変かもしれませんが、聞き取れな

かった部分は、巻き戻してもう一回聞きなおすことを繰り返します。

ただし、**書きトレは、英語学習の完成形**です。はじめは、単語の発音の口トレから始めるのが上達のいちばんの近道であることは、繰り返し強調しておきます。

単語が発音できるようになると、それに伴って様々な単語が聞き取れるようになるので、ディクテーションは、ある程度単語の発音をマスターした段階でチャレンジしてください。ディクテーションは、本当にどこまで正確に聞き取れているかを最後に洗い出す手段です。

映画のディクテーションは、英語の字幕で確認をすれば、どの単語が抜けていたか、冠詞が違っていたか、スペリングが間違っていたか、聞き取れなかった単語は何か、すべてがわかります。映画全編を書き取って、間違いを修正してからもう一度通して鑑賞すれば、今度は全編がほぼ聞き取れるようになるでしょう。

オーディオブックを活用する

オーディオブックは、音源があり、なおかつテキストもそろっている最高の教材です。アマゾンなどでは種類もたくさんあって、値段もお手ごろです。MP3など、

データで買えるものもありますから、どんどん活用したいものです。勉強だからと固くならず、自分の好きな作家の作品を選ぶのがいちばんです。

　あくまで一例ですが、個人的には、アメリカの作家レイモンド・チャンドラーのハードボイルド小説『長いお別れ』（*The Long Goodbye*）のオーディオブックがオススメ。

　映画化もされた作品で、世界に入りやすく、楽しみながら英語を聞くことができます。

　英語圏の作品にはオーディオブックが多いのですが、それには２つの理由があると思います。１つは、英語は言語的にもやはり口語的というか、「聞く」「話す」に向いている言語なのだと思います。

　もう１つは、アメリカではまだまだ「読み」「書き」の力が弱い人が多い、ということです。日本は、歴史的にみても識字率がとても高い国ですが、世界を見渡せば、これはとても珍しいことです。アメリカ人は、歴史的にみると、日本人のように国民がある程度均一に「読み」「書き」が強くないことも、「聞いて楽しめる」オーディオブックが豊富な要因かもしれません。また、車社会なので、通勤途中に本を「聞く」文化が発達したのかもしれません。

　余談ですが、『ロード・オブ・ザ・リング』（*The Lord*

of the Rings）（J. R. R. トールキン作）の、オーディオブックは、なんとCDが46枚もありました。かなり聞きごたえがありそうですね。全部読む必要はありませんが、この作品が好きな方は、ぜひ原書に挑戦するのもいいと思います。46枚分、朗読している人もすごいですね！（笑）

漱石も発音に悩んだ!?

　そろそろ、この主章も終わりに近づいてきました。ここでちょっと、超有名人のエピソードを。

　明治以降、たくさんの英語の本が日本に入ってきました。当時の人たちは洋書を買って一所懸命に勉強しました。ただ、残念ながら、テキストはあるのですが、音源がなかったので「聞く」は難しく、また「話す」訓練ができる場もとても少なかったのです。「音」の要素が欠けていると、いくら意欲があっても「聞く」「話す」の英語習得はできません。

　夏目漱石は、イギリスに留学する前に、かなり意欲的に英語を勉強しましたが、話すことには、なかなか苦戦していたことが窺えます。

　もし漱石が現代に生まれていたら、単語発音のフィー

ドバックをはじめとしたオーディオブックや映画配信を使うなど、現在手に入る方法をたくさん駆使して、自分で英語を話せる段階になってから、イギリスに渡ったことでしょう。

夏目漱石は、イギリス留学時に現地での生活が合わずに神経衰弱に陥ったという文学史の有名なエピソードがありますが、もし、「聞く」「話す」の英語を習得していたら、彼のイギリスでの生活も楽しいものになり、彼の文学も、もしかしたら、もっと明るいものになっていたかもしれませんね（笑）。

「コドモ英語」で耳コピに挑戦！ 重要

主章の最後として、本書の「コドモ英語」を耳コピするための具体的な口トレ法を説明しておきましょう。

ここに集められた例文は、実際に幼児教育の現場で先生と子どもがやり取りしているものです。この**コドモ英語が徐々に「よそ行き」の大人英語へと進化・発展していく**わけです。英語圏のネイティブが誰でも通る関門であり、英語の心のふるさとです。**コドモ英語をマスターすることは、ネイティブの心を知ること**なのです。

でも、このコドモ英語には、別のメリットがありま

す。表現の基本であるだけでなく、ここには、**「発音の
エッセンス」が詰まっている**のです。英語圏の子どもた
ちは、発音的には、大人となんら変わりないネイティブ
として完成の域に達していますよね。だから、**コドモ英
語で口トレの練習をすれば、楽々と、ネイティブやバイ
リンガルに近い発音ができるようになる**わけなのです。

　コドモ英語でひたすら口トレをして、英語の発音を自
分のものにしたら、あとは中級者のためのシャドーイン
グへ移るもよし、大人のための会話本を丸暗記するもよ
し。ようするに、自分流の英語を固めていくことができ
るのです。

　では、早速始めてみましょう。

🎧 track22

　例1　I don't want to hear yelling,
　　　　I want to hear nice voices!

（P95参照）

　本書の「音声」を再生して聞いてみてください。英語
本来の発音に慣れていない人には、「あわわわわーん
ぐ、あわわわひーぽーずず」みたいな雑音として聞こえ
るはずです。個々の単語が1つひとつはっきりと分かれ
て聞こえないはずです。

では、とにかく音を「再現」するよう、口トレしてみてください。もちろん、録音することをお忘れなく。次に、お手本と自分の発音をじっくり聞き比べてください。そして、1カ所でいいので、改善できる場所を見つけて、もう一度、自分の発音を録音してみてください。発音は、全体の印象も大切ですが、1カ所ずつ、辛抱強く、真似していくのがコツです。

　もし、全体を通して発音するのが難しければ、前半だけでも、後半だけでもかまいません。実際、ウチの娘も、新しい英語を学ぶとき（いや、日本語も同じです）、一部だけを口トレしていることがありました！

　次第に前半は「あ・どーワナひぁイェりん！」という感じに発音が修正されてゆくはずです。そして後半は「あ・ワナひぁ・ナーイす・ゔぉーしいず！」という感じに近づくでしょう。たぶん、「どーワナ」の部分が胆（きも）で、ここがクリアできたら、あとは……「l」と「v」の発音も辛抱強く試行錯誤を繰り返したほうがいいかもしれません。それから、英語らしく発音するためには、どこにアクセントを置くかも重要です。前半の「イェりん！」と後半の「ナーイす」あたりに力を入れてみてください。

track24

例2　What are we gonna do today?

(P96参照)

　この英語は文法的には "What are we going to do today?" が正しいのですが、ほとんどの場合、"gonna" という省略形でしゃべります。これは発音から来ているわけです。同様に、"I am going to 〜" という場合も、実際の場面では "I'm gonna 〜" と発音してしまうことがほとんどです。「あいあむごーいんぐとぅー」という、まどろっこしい発音ではなく、キビキビと「アイムガーナ」と言ってしまうんですね。頑張って発音を真似てみてください。

track42

例3　Fix it, please!

(P99参照)

　これは「直してくださ〜い」とか「元に戻してね〜」とか、いろいろな場面で使える便利な表現です。「いっと」の「と」は弱く、短く発音するので、やはり「と」ではなく「t」なんですよね。もちろん、最初の「ふ

ぃ」も「はひふへほ」みたいに唇を開くのではなく、前歯が下唇の内側に軽く触れる感じです……というのがわかりにくいので、自分で試行錯誤しながら、同じ音になるようにやってみるのが近道なんです。

---

 track55

例4　Behind the red-line!

（P102参照）

出ました。日本人が苦手とする「l」と「r」が両方出てくる例です。「ぅレッど」みたいに、はじめに小さな「ぅ」が入って舌の先は宙に浮いている感じでしょうか。「ど」も短くて速いので「d」としかいいようがありません。「らーいん」の「ら」は、前歯の生え際に当てて発音します。何度も繰り返して発音をマスターしてください。

---

track58, 66

例5　Can you make a heart for Taro?
　　　Are you hurt?

（P103、104参照）

ここに出てくる「はーと」は日本語にすると同じです

が、英語の発音は全然違います。最初の「心臓（heart）」は「あ」の口の形から始まって舌が丸まります。次の「怪我した（hurt）」は「う」の口の形で舌を丸めるんですね。

　余談になりますが、語尾がｒで終わる場合、宙に浮いた巻き舌の「ｒ」にせず、イギリス人みたいに舌を下顎につけたままの「アー」のような発音もオーケーです。日本人はアメリカ英語よりもイギリス英語の発音のほうがしやすいのですね。どのような英語をお手本にするのかは、自分で決めるしかありません。

　あと、口の形や舌の位置などは、あくまでも私の個人的な方法にすぎません。昔、フランス語やドイツ語を習っていたとき、ネイティブの先生から「人によって全然違った舌の形で発音を再現する場合がある」と言われてビックリした覚えがあります。そう、出てくる音さえ再現できれば、口の恰好なんてどうでもいいのです。腹話術師をご覧なさい（笑）。録音して比べて、自分で聞いて区別ができなくなれば、それでおしまい。正しい口の形なんて気にしないことです。

英語習得絶対法則のまとめ 重要

　やれやれ、ついつい欲張って、たくさんのことを書いてしまいました。もしかしたら混乱した読者もいるかもしれません。主章の終わりに、絶対法則の流れをもう一度まとめておきます。

【口トレの流れ】(発音フィードバック)
「コドモ英語」の「音声」を再生する
　　　　↓
二丁拳銃方式で
「コドモ英語」のお手本と自分の発音を録音する
　　　　↓
録音したばかりのお手本と自分の発音を再生して
聞き比べる → 似ていたら次のフレーズへ
　　　　↓
似ていなかったら、マズイ点を１つだけ改善するように
意識して、もう一度二丁拳銃で録音

　基本的には、この流れの繰り返しが、絶対法則の前半になります。
　次に後半です。

後半は、「コドモ英語」の発音が、それなりに自分の口で再現できるようになってからの仕上げになります。

【書きトレの流れ】(文字のフィードバック)
「コドモ英語」のフレーズを１つ聞いて、
書き取ってみる（ディクテーション）
　　　↓
「コドモ英語」のテキストを見て、
自分の書きトレに朱を入れる→書き取れたら次のフレーズへ
　　　↓
書き取れなかったら、
朱の部分に注意して、書きトレを繰り返す

　基本的にはこれだけです。やっていることは、**前半が発音フィードバックで、後半が文字のフィードバック**です。
　なお、テキストは、見たくなったら、いつでも見てかまいません。また、複数のフレーズで同時進行的に練習してもかまいません。フィードバックという、学習の本質だけ守っていただければ、ご自分のやりやすいように工夫してもらって結構です。とにかく、楽しく続けてみてください。

また、「コドモ英語」をマスターしたら、自分の好きな、より複雑な、あるいは自分のニーズに合ったお手本で、同じことをやってみてください。

　それでは、いよいよ本番です。次の章よりコドモ英語のフレーズをご紹介します！

フレーズ集

英語の発音がメキメキ上達する！

耳コピのための
「コドモ英語」

コドモ英語100

---

1   track03

Go away, shark / ghost / tiger!

サメ／お化け／トラはあっち行け〜！

---

2   track04

What are you doing / writing / making?

なにしてるの／書いてるの／作ってるの？

(ビジネス英語の言い換え⇨P120)

---

3   track05

Can I use it?

使ってもいい？（＝貸して〜）

---

4   track06

I have to pee.

おしっこ〜。

---

5   track07

What day is it today?

今日は何日かな？

6
How's the weather?

🎧 track08

天気はどうかな？

7
Show me big, beautiful voices!

🎧 track09

大きい、きれいな声で！

（ビジネス英語の言い換え⇨P121）

8
Who wants to color / try / give me money?

🎧 track10

ぬり絵したい／やりたい／お金くれるの誰？

（ビジネス英語の言い換え⇨P121）

9
Feet on the floor!

🎧 track11

足を床につけて！

10
Tuck in your chair!

🎧 track12

イスを机の下に入れて！

11

Put it away, it's clean up time!

片付けて〜、お片付けの時間だよ！

12

Make a line!

一列にならんで！

13

Lunch time, snack time, circle time, Mommy!

track15

お昼食べて、おやつ食べて、お遊戯したら、
ママがお迎えに来るよ！　　　　　（ビジネス英語の言い換え⇨P122）

14

You don't have to push!

押す必要なんかないよ！

（ビジネス英語の言い換え⇨P122）

15

Pick it up! Put it away!

track17

拾って！　捨てて！

16

Can somebody help me?

track18

誰か助けてくれるかな？

17

Where do you want to go?

track19

どこへ行きたいの？

（ビジネス英語の言い換え⇨P123）

18

What's the rule?

track20

ルールはなんだっけ？

19

Can we cross the red-line?

track21

赤い線はまたいでよかったかな？

20

**I don't want to hear yelling,
I want to hear nice voices!**

track22

怒鳴らないで、きれいな声で言って！

（ビジネス英語の言い換え⇨P123）

track23

How about me?
ぼく（わたし）のは？

track24

What are we gonna do today?
今日はなにをするの？

（ビジネス英語の言い換え⇨P124）

track25

Is that nice?
それはいいことかな？

track26

Can we hit our friends?
お友達を叩いてよかったかな？

track27

Don't eat it!!
食べちゃダメ!!

26

It's not a race!

競争する必要ないよ！

🎧 track28

27

Who wants to play a game?

ゲームをしたい人？

🎧 track29

28

Is that OK?

それでいいのかな？

🎧 track30

29

What's the temperature?

何度だった？

🎧 track31

30

Solid, liquid or gas?

固いかな、流れるかな、空気みたいかな？（科学入門！）

🎧 track32

31

You are last!

ビリだよ！

track33

32

I want origami paper.

折り紙をください。

track34

33

If you want paper you have to count to 20.

紙がほしかったら20まで数えて。

（ビジネス英語の言い換え⇨P125）

track35

34

Can I play too?

一緒に遊んでいい？

track36

35

Is it a bad guy?

あいつ悪者なの？

track37

36

I'm making cookies!

クッキー作ってるんだ！

track38

37

That's very nice! What is it?

いいわねぇ！　なんなのそれ？

track39

38

Call my mommy!

ママに電話して！

track40

39

If you finish your lunch,
Mommy will be happy!

お昼ご飯を残さず食べたら、ママが喜ぶよ！

（ビジネス英語の言い換え⇨P125）

track41

40

Fix it, please!

直してください！

track42

41

Go see Ms. Olivia.

オリビア先生に言ってちょうだい。

（ビジネス英語の言い換え⇨P126）

42

Get your feet out of my face!

足を顔の上からどけて！

43

Let's go skating!

スケートしに行こうよ！

44

Strawberry is not dessert!

いちごはデザートじゃないよ！

45

What are the rules for playtime?

遊ぶときのルールはなんだったかな？

（ビジネス英語の言い換え⇨P127）

46

🎧 track48

Oh my goodness!

あらまあ！

47

🎧 track49

Which table is the quietest?

どのテーブルがいちばん静かかな？

（ビジネス英語の言い換え⇨P127）

48

🎧 track50

Where does it go?

どこにいっちゃったの？

---

49 ## Where is the train / dinosaur bucket?

🎧 track51

電車／恐竜のバケツはどこ？

50

🎧 track52

Maybe next time....

いまはダメだよ。

51

Turn around, please.

🎧 track53

後ろ向いてね。

52

**No touching the piano /
Taro / my bum.**

🎧 track54

ピアノ／太郎／わたしのお尻に触っちゃダメ。

53

Behind the red-line!

🎧 track55

赤い線を越えないでね！

54

Don't play with the door, please!

🎧 track56

ドアで遊ばないでください！

（ビジネス英語の言い換え⇨P128）

55

Can you help Taro clean?

🎧 track57

太郎のお片付けを手伝ってあげてね？

56

Can you make a heart for Taro?

太郎にハート型を作ってあげられるかな？

(ビジネス英語の言い換え⇨P128)

57

Hana is crying!

ハナちゃんが泣いてる！

58

That's private!

そこは触っちゃダメ！（先生の下着を覗こうとした子に）

59

track61

Who was the clean-up champion?

誰がお片付けのチャンピオンかな？

60

What time is it?

いま何時かな？

61
Look at the time, everyone!
みんな、時計を見て！

track63

62
Listen, listen!
みんな、聞いて！

track64

63
What's wrong?
どうしたの？

track65

64
Are you hurt?
どこか痛い？

track66

（ビジネス英語の言い換え⇨P128）

65
Do you know what happened?
なにが起きたか、わかるかい？

track67

66

What do you need?

なにしてほしいのかな？

🎧 track68

67

Can I borrow it?

それ、貸してもらえる？

🎧 track69

68

What did you forget?

なにを忘れたのかな？

（ビジネス英語の言い換え⇒P129）

🎧 track70

69

Where are your socks?

靴下はどこ？

🎧 track71

70

You're right!

そのとおり！

🎧 track72

71

track73

Do you need help?

手伝ってほしい？

72

track74

Wait, please.

ちょっと待ってくださいな。

73

track75

Where do you want to sit?

どこに座りたいの？

74

track76

Get your chairs!

イスを持ってきて！

75

track77

Easy-peasy!

超カンタン！

76

 track78

Too easy, right?

カンタンだよね？

77

track79

Walking, walking!

歩いて、歩いて！

78

 track80

Do you want dots?

点線描いてほしいかい？（名前が書けないときに先生が点線で
描いてあげて、子どもがなぞる）

79

 track81

Rock Paper Scissors, GO!

GO、ジャンケンポン！

80

track82

Say "Bless you!"

おだいじに！（誰かがくしゃみしたときに）

81

Do I need to get ice? 🎧 track83

氷がいるかい？

82

Do I need to get your diaper? 🎧 track84

おむつ持ってきてあげようか？（子どもが悪さをしているとき
にたしなめる言葉）　　　　　　　（ビジネス英語の言い換え⇨P129）

83

Who is fast today? 🎧 track85

誰が速いかな？（子どもに追いかけさせるとき）

84

**If you want origami paper,
you need to get me four red things.** 🎧 track86

折り紙がほしい人は、赤いものを4つ持ってきてね。

85

**Can you say something nice
about Hana?** 🎧 track87

ハナちゃんのいいところを言ってごらん。
（子どもに互いに褒めさせる）

86

You are so silly / kind / funny!

バカみたい！／親切だね！／笑っちゃう！

87

Who is smart at YES?

イエスのおりこうさんは誰かな？

(ビジネス英語の言い換え⇨P130)

88

Where is my mommy?

ママはどこ？

89

I'm hunting bad guys!

悪者を追っかけてるんだ！

90

See you next week!

来週またね！

91

 track93

Okay guys, Hana is leaving!

みんな、ハナちゃんが帰るよ！（さよならを言わせる）

92

 track94

We need to stay safe and clean!

安全できれいにしておかなくちゃ！

（ビジネス英語の言い換え⇨P130）

93

 track95

Roll up your sleeves.

そでをたくしあげて。

（ビジネス英語の言い換え⇨P131）

94

 track96

Can we splash the paint?

ペンキをぶちまけていいんだっけ？

95

 track97

This is NOT jelly!
It's not yummy, it's YUCKY.

コレはゼリーじゃないよ！　おいしくないよ、まずいよ。

（ビジネス英語の言い換え⇨P131）

96

track98

Sit down, please.

座ってくださいな。

97

track99

What's next?

次はなに？

98

track100

Tom isn't sharing....

トムが貸してくれないよ〜。

99

track101

Where's my towel?

私のタオルはどこ？

（ビジネス英語の言い換え⇨P132）

100

track102

Don't forget!

忘れずに！

1.学校で

1
What time do we have school / lesson / lunch?

track103

学校／授業／昼食は何時から？

2
What's the homework for today?

track104

今日の宿題は何なの？

3
Could you give me a hand with this question / my homework?

track105

この問題／私の宿題を手伝ってくれませんか？

give me a hand は、日本語の手助けする、手伝うと同じですね。

4
Did you get that?
track106

わかった？

get で理解する、聞こえる、という意味になります。

5　 track107

I have no idea. / I don't have a clue.
まったくわかりません。

6　 track108

Is that really necessary?
それって本当に必要なの？（＝そこまでする？　それ、いらないんじゃないの？）

7　 track109

I can't be bothered to go to club activities today.
今日は部活に出る気になれない。

can't be bothered to で、～する気になれない、という意味になります。

8　track110

I need to have a word with Mr. Smith.
（生徒が）スミス先生にちょっと話をしにいかないと。

9

I just can't get the hang of it!
どうしてもコツがつかめない！

 track111

get the hang of it で、うまく学習できない、コツがわからない、という意味になります。

10

It's not a big deal.
大丈夫、たいしたことじゃないよ。

 track112

非常によく使われるフレーズです。些細（ささい）なことだから心配しないで、といったニュアンスです。

11

Give me a minute to figure it out.
数分待ってね、ちょっと考えてみるから（＝ちょっと待ってね、やってみるから）。

 track113

figure out は、問題点を解決する、工夫してうまくやる、という意味で、よく使います。問題点を整理する場合は sort it out を使います。

12

I'll do it in my own time.
あとで時間ができたらやります。

 track114

13

Who's up for going to the park?

誰が公園に行きたいの？

 track115

up for は、前向きになにかをやるときに使います。

14

What's the matter?

いったいどうしたの？（＝なにがあったの？）

 track116

非常によく使う決まり文句です。

15

Treat others how you want to be treated.

相手の立場になって行動しよう（＝自分がされたくないこ
とはお友達にもしてはいけないよ）。

track117

2. 意見や気持ちの表現

1

I'm not sure how I feel about it.

それをどうとらえればいいのかわからない。

track118

2 **I'm just not that into playing basketball.** track119

うーん、そんなにバスケをやりたいわけじゃないんだ。

be into で、熱中するといったニュアンスになります。that は、それほど、くらいな意味です。

3 **Are you having a laugh?** track120

冗談でしょ？（＝まさか本気で言ってるの？）

笑わそうとして言ってるの？といったニュアンスです。

4 **I know where you're coming from.** track121

おっしゃりたいことはわかります（＝お気持ちはわかります）。

直訳すると、どこどこ出身という意味ですが、転じて、気持ちがわかる、という意味で使われます。

5 **You can't be serious!** track122

まさか！（＝冗談でしょ！）

6

Do you reckon she likes me?

彼女は僕に好意を持っていると思う？

 track123

7

Couldn't agree more / less.

大賛成。／大反対。

 track124

これ以上賛成できないほど賛成、これ以上少なく賛成するのは無理、つまり反対、というロジックです。

8

How do you feel about school?

学校のこと好き？

 track125

9

Do you mean it's his fault?

つまり、彼のせい（＝責任）だというの？

track126

3. オンラインに必要なフレーズ

1　🎧 track127

Can you put your mic on mute?

マイクをミュートにしてくれる？（＝マイクをオフにして
くれる？）

2　🎧 track128

Could you turn your video on / off?

ビデオをオン／オフにしてくれる？（＝映像をオン／オフ
にしてくれる？）

3　🎧 track129

I'm not sure how to send a file.

どうやってファイルを送信すればいいのかわかりません。

4　🎧 track130

Give me a second.

ちょっと待ってね。

5　🎧 track131

I've tried that already. What else can I do?

もうそれ（＝その解決法）は試してみました。ほかにどう
すればいいですか？

6

track132

I can't figure out how to connect.

どうやったら（オンラインで）つなげられるか、わからないんです。

7

track133

Actually, what I meant was are you okay?

ええと、大丈夫？と言いたかったんですけれど（＝〜という意味だったんですけれど）。

リアルではなくオンラインだと意思の疎通がうまくいかないことがありますよね。そういった場面で使えるフレーズです。

8

track134

Is this thing on?

これ、ついてる？（＝オンになってる？）

9

track135

I can hear you loud and clear.

はっきり聞こえます。

音声が大きく雑音なしで聞こえる、という意味です。

ステップアップ篇
コドモ英語からオトナ英語へ

コドモ英語のフレーズを基礎にして、オトナ英語（たとえば、ビジネス英語の現場）に進化させるにはどうしたらいいのでしょう。ここでは、わざとユーモアを効かせたバリエーションを挙げてみました。

進化形のオトナ英語が、どういう場面で使われるかなども簡単な解説をしています。

みなさんも、使えそうなコドモ英語をもとに、ご自分なりの進化形をメモしていってください。それが、あなたのオリジナルな英語になるのです。　　Ⓑ＝ビジネス英語

1

What are you doing?
なにしてるの？
　　⇩

Ⓑ **What are you doing?**
（さぼっている部下に）なにしてるんだ？

Ⓑ **What are you working on?**
いまどんな仕事を抱えているの？

Ⓑ **What are you supposed to be doing?**
（さぼっている部下に）
いまキミはどんな仕事をしているはずかな？

相手がなにをしているのかを問うときの基本文型。doing を強く

発音すると詰問調にもなる。"What are you doing the rest of your life?"（バーブラ・ストライサンド）という曲を思い出しますね。

2

Show me big, beautiful voices!
大きい、きれいな声で！

⇩

B **Show me more energy!**
もっと元気だせ！

B **Show me your best!**
全力で頑張れ！

B **Show me a good attitude.**
（だらけている社員に）もっと真面目にやれよ。

私に××を見せてくれ！と言うときの文型。元気よく発音する。

3

Who wants to ~ ?
××したいの誰？

⇩

B **Who wants to make some money?**
儲けたいやつはいるか？

B **Who wants to help me?**
誰か手伝ってくれないか？

B **Who wants to buy it?**
誰もそんなの買いたくないだろ？

××したい人は手を挙げて。転じて、××したい人なんていない
よ、という意味にも。人を募集する際に使う。

4

Lunch time, snack time, circle time, Mommy!
お昼食べて、おやつ食べて、お遊戯したら、ママがお迎え
に来るよ！

⇩

B **Plan, consult, prepare, execute,
MONEY!**

計画せよ、意見を聞け、準備しろ、実行せよ、
すると儲かるぞ！

最も単純なフレーズに分割する手法。歯切れよく発音する。

5

You don't have to push!
押す必要なんかないよ！

⇩

B **You don't have to rush
– take your time.**

慌てないで、ゆっくりでいいから。

B **You don't have to write a novel**

– just keep it simple.

（報告書が長すぎる場合など）
小説書いてんじゃねえぞ、シンプルにまとめればいいんだよ。

B You don't have to go crazy – relax!

そんな馬車馬みたいに働かなくていいんだよ、
リラックスして！

××しなくてもいいんだよと、軽くたしなめるときの文型。

6

Where do you want to go?
どこへ行きたいの？

⇩

B Where do you want to start working?
どこから片付けようか？

B Where do you want to me to leave it?
これはどこに置けばいいですか？

B Where do you want to begin?
どこから始めましょうか？

「どこ？」の基本的な使い方。

7

I don't want to hear yelling, I want to hear nice voices!
怒鳴らないで、きれいな声で言って！

⇩

B **I don't want to hear complaints,
I want to see results!**

文句なんか聞きたくない、結果を見せてよ！

B **I don't want to hear compliments,
I want good feedback.**

お世辞なんか聞きたくない、ちゃんとフィードバック
してよ。

B **I don't want you to stop,
I want you to keep writing.**

あなたがやめるのは見たくない、書き続けてほしい。

AじゃなくてBをしてくれ、と言うときの基本文型。

8

What are we gonna do today?

今日はなにをするの？

⇩

B **What are we gonna do tomorrow?**

明日のスケジュールは？

B **Where are we gonna go tomorrow?**

明日はどこに行く予定？（明日はどこに出張？）

ある日時になにをするのかを問う場合の基本文型。gonna は
going to の省略形で、実際に、この綴りのようにつなげて発音する。

9

If you want paper you have to count to 20.
紙がほしかったら 20 まで数えて。

⇩

B If you want the sales records, you have
to contact the financial department.
売上記録（伝票）が必要なら、経理に連絡しないと
ダメよ。

B If you want a raise, you have to stop
coming to work drunk.
給料をアップしてほしいなら、
お酒の匂いをさせて職場にくるのはやめないとね。

B If you want to know,
you have to ask me tomorrow.
その情報がほしければ、また明日、聞いてくれ。

A をしてほしいなら、まず B をしてくれよ、と言うときの基本文型。

10

If you finish your lunch, Mommy will be
happy!
お昼ご飯を残さず食べたら、ママが喜ぶよ！

⇩

B If you complete this assignment,
we'll break even this year.

この仕事（任務）を仕上げたら、
今年の収支はトントンになるぞ。

B **If I finish this project on time, maybe
someone will pay attention to me!**

このプロジェクトを間に合わせたら、
オレ、目立つかもしれないな！

B **If you call Tom in HR,
he can probably help you.**

人事部のトムに電話したら、なんとかしてくれるん
じゃない？（HR = human resources は人材、人事の意）

もしAをしてくれたら、Bになるよ、と言うときの基本文型。B
は「良いこと」が多い。

11

Go see Ms. Olivia.

オリビア先生に言ってちょうだい。

⇩

B **Go see the supervisor.
He probably knows what to do.**

スーパーバイザー（上司）に会いにいけば、
なんとかしてくれると思うよ。

××さんに会いにいって、相談しなさい、と言うときの基本文
型。see は「見る」というより、相談、理解というニュアンス。

12

What are the rules for playtime?
遊ぶときのルールはなんだったかな？

⇩

B **What are the rules for making a good presentation?**
良いプレゼンをするためのルールは？

B **What are the rules for clinching a sale?**
取り引きをまとめるコツは？

××する際の約束事は？と言うときの基本文型。

13

Which table is the quietest?
どのテーブルがいちばん静かかな？

⇩

B **Which team is the most productive?**
どのチームがいちばん生産性が高いかな？

B **Which idea is the best?**
どのアイディアがいちばんいいかな？

いちばん××なのはどれ？と、たくさんの中から1つを選ぶときの基本文型。

14

Don't play with the door, please!

ドアで遊ばないでください！

⇩

B **Don't talk while I'm on the phone, please!**

電話してるときに話しかけないでね！

B **Don't promise if you can't deliver!**

結果が出せないなら、約束なんかするな！

「××するな！」と、禁止の命令をする際の基本文型。

15

Can you make a heart for Taro?

太郎にハート型を作ってあげられるかな？

⇩

B **Can you finish this report for Mr. ～?**

××さんに出す報告書を仕上げてくれる？

××してくれませんか？と言う際の基本文型。

16

Are you hurt?

どこか痛い？

⇩

B **Are you listening?**

聞いてる？

B **Are you free now?**

いま、時間ある？

B **Are you here tomorrow?**

明日は出勤？

手短に相手の状態や状況を尋ねる際の基本文型。

17

What did you forget?

何を忘れたのかな？

⇩

B **What did you tell him?**

彼になんて言ったの？

B **What did you do?**

いったい何をしたの？

あなたは××しちゃったの？と言うときの基本文型。相手を少し責めるニュアンス。

18

Do I need to get your diaper?

おむつ持ってきてあげようか？

⇩

B **Do I need to tell you again?**

もう一度言わなきゃだめかい？

B **Do I need to give this to someone else?**

これは別の人に出さないとだめかな？

B **Do I need to come again?**

もう一度こないとだめなの？

（ヒント：窓口などでの会話）

私は××しなくちゃだめなのかしら？と詰問する場合の基本文型。

19

Who is smart at YES?

イエスのおりこうさんは誰かな？

⇩

B **Who is good at customer relations in the office?**

このオフィスでは誰が顧客対応に優れているの？

B **Who is good with numbers here?**

誰か数字に強い人いない？

××なのは誰かな～？と問う場合の基本文型。

20

We need to stay safe and clean!

安全できれいにしておかなくちゃ！

⇩

B **We need to stay focused on our goal.**

ゴールに集中しなくちゃいかん。

B **We need to work harder.**
もっと頑張らないと。

B **We need to submit it by tomorrow.**
明日、提出しないといけないんだ。

××しなくてはいけない、と言うときの基本文型。

21
Roll up your sleeves.
そでをたくしあげて。

⇩

B **Let's roll up our sleeves and get to work!**
そでをまくって仕事しようぜ！（ヒント：実際にそでをまくるのではなく、気合いを入れる、という意味）

B **Roll up your sleeves and do it!**
気合いを入れてやれ！

気合いを入れてなにかをするときのイディオム表現。

22
This is NOT jelly! It's not yummy, it's YUCKY.
コレはゼリーじゃないよ！　おいしくないよ、まずいよ。

⇩

B **This is not a human relations question, it's a design question.**

> これは顧客対応の問題じゃなくて、
> 設計（デザイン）の問題だよ。

これは A じゃなくて B だよ、と言うときの基本文型。

23

Where's my towel?
私のタオルはどこ？

⇩

B Where's my stapler?
私のホチキスはどこ？

B Where's my report? I thought
I asked for it yesterday!
報告書は？　昨日、出すように言っただろ！
（ヒント：my report は「私に提出すべき報告書」の意）

B Where is my portfolio!?
私の書類入れ（折り鞄）はどこ!?

××はどこ？と問うときの基本文型。

「読み」「書き」の上達は教材選びで決まる！

ここからは本書の主旋律をはずれて、「読み」「書き」も含めて、雑多なコツについて書いていきたいと思います。気楽に読み進めて、使えそうなコツに遭遇したら、ぜひ試してみてください。

ライティングを上達させるには

　現代のビジネスシーンでは、英語でメールのやり取りをする機会も増えましたよね。ライティングの力をつけておきたかった！ という方も多いのではないでしょうか。

　日本の英語の授業は、小学校で英会話の授業が増えつつありますが、中学校や高校、さらには大学でも、「読み」に触れている時間が圧倒的に多いと思います。でも、これまでに学校英語でコツコツ積み重ねてきた「読み」の練習は決して無駄ではありません。**「書く」というアウトプットには、「読む」というインプットがとても大切**だからです。

　書くためには、「たくさん読んでいること」が必要です。これは英語だけではなくて日本語の場合も同じです。

　私は YES International School の Zoom 授業で文章講

座を担当しています。サイエンスライターになりたい人や、ＳＦやミステリーを書きたい生徒が集まって作品を書いたり読んだりしている講座です。

みんなの作品を読んでいて気がついたことがありました。それは**「読書量が少ない人は、うまく書けない」**ということです。本が好きで、脳の中にたくさんの文章がインプットされている人は、それをうまく活用して、組み合わせて応用することができるので、上手な文章を書くことができます。

反対に、蓄積が少ない人は、表現や語彙をゼロから絞り出そうとするので、書きたいこともなかなか文章になりません。もちろん会話ができるだけの語彙はあるので、会話調の文章は誰でも書けるのですが、書き言葉となると、意外と難しいのです。

作家が、あえて会話調の表現を用いるような場合は別ですが、話し言葉のような文章はキレイではありませんし、ましてや、ビジネスの場面にはあまり使えません。

ライティングを上達させるためには、正しい英語の文章をたくさん読んで頭にインプットしておく必要があります。まずは、**大量の文章を読む**こと。本を読むのが好きで、英語をさらに上達させたいという人は、英語の本をとにかくたくさん読むことで、書くためのインプットが重ねられるのです。

たとえば、大好きな作家の推理小説を英語でたくさん読んだ人は、読んだ分の文章が頭に入っているのです。暗記することが得意でない方も、とにかく、自分の好きな作家のものをたくさん読んでみたらいいのです。ハードボイルドや、ＳＦ小説、好きなジャンルのもので大丈夫です。読んでいるうちに、語彙も増えますし作家の表現の癖などを覚えるでしょう。

同じ作家の作品を 英語で読み続ける

　英文を読み書きする１つのコツとして、同じ作家の作品を続けて読むことをオススメします。

　さまざまな種類の英文に触れるのもいいことですが、好きな作家を見つけて、その作家一筋で読み続けることにもメリットがあります。それは、繰り返し、同じ表現や同じ単語が出てくること。

　同じ単語や表現が、異なるシチュエーションで何度も登場すると、なんとなく意味がわかってきます。何人もの作家の作品を次々と読むと、書き癖が違うので、常に見慣れない単語や表現が頭に入ってくることになり、なかなか定着しません。辞書を毎回引くのも大変ですし、

記憶が定着しないので、単語力もアップしません。

　まずは、読んでみて、知らない単語にはマーカーで色をつけましょう。全部に色をつける必要はありません。気になった単語だけでも、あとでまとめて辞書を引けばいいのです。読みながら、そのつど辞書を引かないといけないという決まりはありません。

　日本語の本でも知らない単語は出てくると思います。新聞を読んでいて、わからない単語が出てきても、すぐに辞書を引く人は少ないはず。「わからない単語があっても流して読む」というあの感覚でいいのです。

　ただ、自分の単語力に合った本でないと、それはできません。あまりにも知らない単語ばかりで、1ページに20個も知らない単語が出てくるようでは、まったく意味が取れなくなり、文字を目で追うだけになってしまいます。

　1ページに、3つか4つ知らない単語が登場するくらいが、ちょうどよいと思います。この固有名詞は知らないとか、この建物の材質はわからないなどは気にせずに、そのまま読めばいい。印だけつけておいて、読書の終わりにまとめて辞書を引くのです。同じ単語は、忘れても2〜3回繰り返して辞書を引いていれば覚えるでしょう。

　辞書に頼りすぎるスタイルを思い切ってやめてみまし

ょう。たとえば、英語の辞書は１日に５回までしか引か
ないというルールを作っても、自分に合った文章であれ
ば、読書を楽しむことができます。

　日本語でも同じです。知らない言葉が出てきても、同
じ作家の作品を３冊程度読むうちに、作家の語彙がだん
だんと頭に入ってきて読み進めるのが楽になり、辞書が
いらなくなるはずです。英語の教科書には、毎回全然違
う文章が載っていましたし、つい、様々な種類の文章を
読もうと張り切ってしまう人も多いと思いますが、毎回
違う人の文章を読んでいると単語の定着は期待できませ
ん。

　好きな作家の作品をたくさん読む。同じ作品や同じ本
を、繰り返し読んでください。日本語の本と同じで、一
度読んだから終わりというわけではなく、何度も楽しく
読んでいるうちに、単語が定着します。

本や雑誌の選び方のコツ

　また、本を選ぶときに**時代を考える**ことは１つの目安
です。昔の名作よりも、現代の作品のほうが読みやすい
と思います。チャールズ・ディケンズ（Charles John
Huffam Dickens, 1812〜70年）の『クリスマス・キャ

ロル』を原文で読んでみようと考えた人がいるとします。ディケンズは、イギリスの小説家ですが、日本でいえば江戸時代の小説家となります。

　日本語で読書をするときも同じことがいえますが、江戸や明治時代の本は、その時代に使われている単語の知識がないととても読みにくい。知らない単語がたくさん載っています。明治時代の小説家、二葉亭四迷など、日本語でも読みにくい本はたくさんあります（笑）。

　そう考えていくと、現代作家の作品のほうが、読みやすく世界に入りやすいでしょう。また、日本の作家の作品でもいいと思います。

　たとえば、村上春樹さんや、鈴木光司さんの作品は、多くの作品が英語に翻訳されているので、それを読んでもいいのです。その場合は、まず最初に日本語で読んでから英語の翻訳を読みましょう。

　内容が最初に頭に入っている状態で英語の文章を読めば、理解の進みが早いからです。シチュエーションもすでにわかっているので、知らない単語が出てきても、なんとなく推測がつきます。英語の勉強には、自分の好きな日本の作家の作品の英訳を読むのが役立ちます。

　村上春樹さんの小説は特にたくさん英訳されていますね。『ノルウェイの森』は、*"Norwegian Wood"* というタイトルです。鈴木光司さんは、2013年の夏に『エッ

ジ』という作品が、「シャーリー・ジャクスン賞」という海外の賞を受賞しています。『リング』は "Ring"、『らせん』は "Spiral" というタイトルで出ています。

　ところで、私が初めて読んだ英語の本は、E. B. ホワイトの "Stuart Little" です。有名な作品ですし、1999年にはハリウッドで映画にもなったので、ご存じの方も多いかもしれません。私が、小学校3年生でニューヨークに行ったばかりのときに、英語初心者という理由で書店のお姉さんに勧められた本です。どれから手に取っていいか迷っている方は、よかったら読んでみてください。

　また、書籍よりも雑誌派の人であれば、好きな分野の雑誌をずっと読み続けることです。雑誌はお気に入りを見つけたら定期購読してしまえばいいのです。自分の趣味の世界のものでかまいません。カメラが好きな人はカメラの雑誌、政治ニュースが好きな人は『Newsweek』など。それをとにかく続けて読んでいくと、その雑誌が使っている単語が繰り返し出てくるので、自然と覚えられます。

　大事なのは、人が勧めるものではなく、自分に合ったものを読むこと。ポイントは続けて読むことですから、内容に興味が持てないものは向いていません。

　モチベーションがあがる本を選びましょう。いまはイ

ンターネットがあるので、洋雑誌も気軽に手に入ります。日本語で書いてある趣味の雑誌や、男性陣がエッチな雑誌を買うのであれば、それらと同じ内容の英語の雑誌を買って英語で読めば、英語力もつくし、読みたいものを読めるので、一石二鳥です。ファッション雑誌が好きな方であれば、英語のファッション雑誌を読めばいいのです。

とにかく自分が「これは楽しい！」と思うものを読むことが重要です。勉強という、堅苦しい枠は飛び越えましょう。それが継続して勉強を続けるためのコツです。

文化の違いを意識する

私は大学時代、イギリス人の先生の英作文の授業を受けていました。その先生には「大学生たるもの、ここまでの文章を書かないといかん」という、独自の厳しい基準がありました。

あまりに厳しい基準でしたので、5段階の成績のうち、50名ほどいるクラスの中で、「A」か「B」をもらった人は1人もいませんでした。「C」をもらった人が2人いて、そのうちの1人がバイリンガルの私です。残りのクラスメイトは全員落第。これには大変なショック

を受けました。

　私はすべての授業に出ていましたが、先生は、文法や語彙に厳しいわけではなく、しきりに「文化の違い」を気にかけていました。

　ある日の授業では、アンケート作りの練習をしました。課題は、「お客さんへのアンケート（"Questionnaire"）を作りなさい」という内容で、飲食店への感想や、本の感想といったものをイメージしてください、というものでした。私も含めた学生たちは、アンケート作りに真面目に取り組みましたが、先生の指摘はとても厳しいものでした。

　たとえば、「職業はなんですか？（"Profession"）」という項目です。教授から、こんな話が出たのを覚えています。

「君たちが作ったアンケートの中で、職業への質問があった。しかし、世の中には働いていない人もいる。働いていないといっても、仕事がない人という意味ではない。たとえばイギリスの貴族階級の人たちは働いていないけれど、お金を持っている。その人たちに対して、あなたの職業は？と聞いても、それは意味がないことだ」と言うのです。

　文化的な違いからの指摘といえるでしょう。アメリカの状況はまた違うので、これはあくまでもイギリスの文

化的背景を考えたときのお話です。

　先生が伝えたかったのは「言語表現は、生活様式や、その国の実態、階級差別など、さまざまな要素が絡んでいる」ということだったのだと思います。

　個性的な先生ではありましたが、英作文だけではなく、一歩踏み込んだ英語を教えてくれていました。たしかに、国によって、生活様式も常識も違いますが、意外と気づかないんです。

　たとえば、ビジネス文書であっても、文化の違いを考慮に入れないといけません。日本人が書いた英作文を、ネイティブの人が読む場合は、言語の域を超えた文化的な要素が解釈に加わるということを、頭の片隅に入れておくことはとても大切です。

　単純に言葉を置き換えるだけでは、問題が生じることもあります。実際の現場で英語の文書が必要なときには、それが異文化間コミュニケーションのツールであることを決して忘れないでください。

「日本語脳」で考えた英語に注意

　英語を書くときに避けなければいけないのは、日本語で考えてから、英語に翻訳すること。

英語は英語で考える！ が鉄則です。相手の話を理解するときに、英語で聞いたものを日本語に置き換えて理解して、日本語で考えたものを英語に置き換えて話すのは大変なことです。高性能コンピューターの計算のように、パッと瞬時に変換できるのであれば、それも悪くはありませんが、人間の脳はそんなに速くは変換できません。

　とりわけ「書く」場合には、それをやってはいけません。英語と日本語は語順が違い、言葉のニュアンスも違います。**まずは日本語を書き、和英辞典を使って、単語を全部英語に置き換えていくような方法をとると、ネイティブの失笑を買ってしまうような、または、まったく意味をなさないような英語になってしまいます。**

　そのようにして作られた英語表現は、日本のいろんなところに溢れています。

　面白いのは、バイリンガルである私が読んでも意味がわからない文章を、モノリンガルの妻が読むと、逆に意味がわかることがあることです。

　それは、単語を日本語に置き換えると意味がわかる文章の場合です。英語が得意でない日本人が、1つひとつの単語を日本語から英語に置き換える工程で作っているので、日本人には、違和感なく伝わるのですが、英語の脳で考えている人には、意味の通らない単語の羅列に見

えてしまいます。

　かろうじて、何が言いたいのか感じ取れても、とにかく違和感が大きい（笑）。頭の仕組みの違い、考え方の違いがわかりやすく現れている例だと感じます。

　ウチの近くの美容院の看板には、次のような文章が書いてあります。

> The hair salon which always kept surgical
> operations in the states in mind in the best and
> the nail salon which offer technology by the
> lecturer at JNA authorization.

　この文章には、いろいろと奇妙な点があります。まず、"in the states" と "in the best" が、なぜ、ここに入っているのかがわかりません。無論、どう訳せばいいのかも不明です。"in the States" と書けば、「合衆国では」という意味になりますが……。この２つを抜いた場合、前半は "The hair salon which always kept surgical operations in mind" となって、直訳すると「常に外科手術を念頭に置いたヘアサロン」となります（汗）。後半は、なんとなく、業界団体のお墨付きをもらった技術だ、という意味だと推測できますが、残念ながら、美容院の「技術」は "technology" とは言いません。かなり

奇妙きてれつな英単語の羅列です。

　単語が合っているだけでは、残念ながらネイティブには通じません。意味の通った英文を書くためには、たくさんの例文を知り、それを応用して、単語を置き換えることです。そうすれば英文の構造が崩れてしまうリスクは最小に抑えられます。

　また電車に乗ると、注意書きを見かけます。「不審な物を発見された方は、ただちに係員にお知らせください」というものです。駅で見かける掲示物を見ていると、ＪＲは、きちんとネイティブチェックを通しているようですが、他の私鉄は、ネイティブチェックが機能していないのではと感じることがあります。

　また、日本語の注意書きは、「不審者や不審物を見かけた場合は、電車のクルーか駅のスタッフに……」などと、丁寧に並列に書いてある場合もあり、情報が多いのですが、英語圏ではもっと直接的でシンプルに伝えます。

　「○○と□□を目撃された方は、☆☆か△△にお知らせください」という表現は、英語では10語程度の単語で済むような内容ですが、丁寧すぎる逐語訳により長い英語になっているケースがあります。たとえば、昔、東京メトロの窓に貼ってあった注意書き。

Please inform the station staff or train crew immediately if you notice any suspicious unclaimed objects or persons in the station or in the train.

Thank you for your cooperation.

　英語の文法としては正しいけれど、表現として長すぎるので、ちょっぴり違和感があります。そもそも、地下鉄の車内に貼ってある注意書きなのですから、電車内か駅構内の不審者・不審物であることは明白です。まったく別の場所での目撃情報を駅員に通報する人はいません。思い切って、

If you find any suspicious object / person, please call × × × × × × to notify the Metro police.

とでもすれば、スッキリすると思うのですが。情報を詰め込みすぎて違和感のある英語が、日本国内には溢れています。

　また、言語構造も文化も違う日本語と英語ですから、内容を伝えることに主眼を置き、逐語訳ではなく思い切

って別の文章にしたほうが伝わりやすい場合もあります。

　つまり、むやみに正確さにこだわるよりも、何を伝えたいのかを意識することが重要なのです。「掃除をしたばかりなので、床が濡れているかもしれません。滑らないよう足元にお気をつけください」という日本語の注意書きがあるとするならば、

Caution! Floor may be wet.

　あるいは、

Caution Slippery when wet.

　つまり、「ご注意ください！ 床が濡れているかもしれません」もしくは「ご注意ください。濡れると滑りやすくなります」という英語にすればよいのです。

安全＆簡単
アレンジ英作文のススメ

　日本語の構造と英語の構造は違います。それなのに、

単語だけを英語に置き換えて、日本語の構造で文を作るので、手間がかかるのに意味が通じないという、残念な英作文になるのです。

　まずは、**正しい例文を探すことが大切**です。日本国内で見つかる例文は危険なので、海外で流通している例文を探してください。いまはインターネットの時代ですから、探すのは意外と簡単です。海外の会社や、スーパーマーケットの広告を見ればいいのです。日本の企業が外国の企業の英文をそっくりそのまま使ったり、他人の論文を自分の論文にコピペしたら、それは剽窃問題とか、著作権の問題が出てきますが、個人が海外の英文を参考にアレンジして日常生活で使うことは悪いことではありません。すこしアレンジして使えば、まったく問題ありません。正しい骨組みのうえで、パーツを替えていく。これが、いちばん安全で簡単な英作文です。

　なぜ、日本人は、ゼロから英文を書こうとするのでしょう。それは、学校でそのように教えられるからです。初心者にとって、英語の骨組みから作ることはとても難しい。難度の高い要求をされているうえに、学校の英作文では、採点する英語の先生が、ネイティブでもバイリンガルでもないというのが現実です。

　ネイティブの先生がいて、丁寧な修正を入れてくれる環境であれば、良い訓練になりますが、自分でも正しい

英文が書けない日本人の先生が採点をしている場合などは、有効な英作文の授業とはいえないでしょう。

「ゼロから英作文」は
こんなにハイレベル

　ゼロから英作文を書くのは、とてもレベルが高いことです。

　海外留学の経験がある人はもちろん、たとえMBAを持っている方が書いても、ネイティブやバイリンガルでない限り、違和感のある英文になることは珍しくありません。

　たとえば、とても格調高い英語と、会話調の英語が混ざっているような違和感があったりする。この見極めはネイティブやバイリンガルでない限り、かなり難しいと思います。

　日本語でいえば、「です・ます」調、「だ・である」調が統一されず、バラバラであったり、丁寧な言い回しの文章に、とつぜん大阪弁が混じっていたりしたらおかしいといった感覚です。フォーマルな文章に会話調の単語が来ると、その時点で「えっ？」と相手を驚かせることになります。

取引先の人からのメールに、「先日は、弊社の商品説明会にご出席いただき、誠におおきに。次回は来月の中旬を予定しております。お忙しい中大変恐れ入りますが、万障お繰り合わせのうえ、またぜひ来てね！」とあったら、驚きませんか。英作文を完璧にするという、あまりに高すぎる目標は最初から立てないほうがいいと思います。

　そもそも、**完璧な英作文ができることは、一般的な日本人にはさほど必要ない**のではないでしょうか。イギリスやアメリカの大学の英文科に行って英文学を専攻したい人や、ビジネスで日常的に重要文書のやり取りをしなくてはいけない人は、プロレベルですから別の世界の話です。一般の人であれば、最初から「正しくきれいで立派な英文をゼロから書こう」と思う必要はありません。まずは雛形を探してきて、それを微修正するのが現実的で効率的な方法です。

　英作文は、真面目で几帳面な人ほど、挫折してしまいます。どんなに訓練を重ねても、すこしの間違いが発生するのは当たり前ですから、参考になる英文を借りてきてアレンジしましょう。

　もし、どうしても正確な英語の文章が必要になった場合は、**書いた文章を必ずネイティブに直してもらうこと**が重要です。どんなに一所懸命書いても、どんなに時間

をかけても、違和感のある文章だと、ネイティブには気になる箇所が出る。すると、伝えたいことが伝わらない、説得力に欠ける結果を招きます。ネイティブチェックは必須です。

英作文がいかに難しいかが伝わる例を、マーク・ピーターセンさんの『日本人の英語』（岩波新書）からご紹介しましょう。

シェイクスピアの喜劇 *"The Comedy of Errors"* は『間違いの喜劇』と日本語訳されていますが、*"The Comedy of Errors"* は、100人の日本人に日本語訳をお願いしたら、100人に近い人が「間違いの喜劇」と訳してもおかしくはないけれど、逆に「間違いの喜劇」を英語に訳してほしいと100人にお願いしたら、様々な英文ができ上がってくるだろうというのです。

"a comedy of errors" *"the comedy of an error"* *"comedies of error"* など、冠詞や可算や不可算の組み合わせで25もの英文ができ上がる可能性が考えられる。

以上のようにマーク・ピーターセンさんは、日本人の「冠詞と数の問題」を指摘しています。

英文を完璧に作るのは、ほぼ不可能に近いことがわかりますね。

絶対に続く！
モチベーション
を保つ方法

「到達度チェック」で
モチベーションを保つ

　英語の習得には一般的に1000時間、英語専門職に就くには数千時間が必要でしょう。長い道のりを走り切るためには、「なぜ英語を習得するのか。なぜ英語のために時間を割くのか」という目標設定を、明確にしておくことが大切です。

「仕事で使える英語をモノにする」でもいいですし、「将来的には海外に留学して資格を取りたい」でもいいでしょう。目標が１つである必要はありません。

　思い描く姿や目標をはっきりさせることで、勉強するためのモチベーションを保つことができます。「○○のために英語を習得するんだ！」という目標を常に意識してください。漫然となんとなく英語ができるようになりたいと、ダラダラと進むのではなく、ゴールを決めてまっすぐに走っていきましょう。

「だいたい半分ぐらい達成されたな」とか「８割はできるようになった」など、すこしずつ目標が達成されるのを自分の感覚で確かめる。厳密なものではなく、「最近の海外出張では、外国人のアテンドに対して以前のように緊張しなくなった」とか、海外から来た人をアテンドしていたら、「君は英語がうまいね」と褒められて嬉し

かったとか、そういう基準でよいのです。

進歩を実感・確認することでモチベーションは保てます。

　海外の英語系の大学に留学したい場合には、SAT® という試験を受ける必要があります。これは、英語・数学・国語の試験のイメージです。最後の「国語」にあたる部分も英語で、論理力の問題が出題されます。論理的な推論ができるかどうかをみられるのです。

　その他に、TOEFL®（TOEIC® の場合もある）が課されている場合もあります。

　30年前に私も TOEFL® を受けました。TOEFL® というのは、「Test of English as a Foreign Language（外国語としての英語のテスト）」なので、英語圏の大学に留学するときは、この試験の結果が英語力の基準とされることが多いのです。まずは、TOEFL® の試験をパスしたいという人が多いのはこのためです。

　日本の大学の試験と違うのは、TOEFL® は 1 回受けると、その結果は翌年の留学にも使えるということです。実績として記録が残るのです。そして、1 年に何回受けてもいいので最高スコアが残せます。将来的に海外の英語系の大学に留学したいという目標がある人は、TOEFL® を受け続けていくとよいでしょう。

　たとえば、目標の大学に留学するためには、TOEFL®

の点数が最低500は必要ですと言われたら、まず受けてみて、最初は、300しか取れなくても、勉強することで徐々に点数は上がっていきます。最初は点数が全然足りなくても、目標があること、そして、そこに向かって徐々に上がっていくということが大切。そうすれば、数年後の大きな目標に向けて、いまやらなくてはいけないことを意識して勉強できます。

　勉強には、とにかくフィードバックが不可欠。その意味で、試験を受けるのはとてもいいことです。目標に向かってどこまで進んでいるのか、自分の点数がどれぐらい上がっているのか、実力がどれほどついているのかを、自分でチェックすることができるからです。

　フィードバックのためには、**TOEFL® でも、TOEIC® でも、英検でもかまいません。試験を受けることで、自分の現在の実力を数字で把握できます。**客観的に知って、次はどうするか、対策を立てて勉強も進められます。

　最近は、会社で方針が出されているところも珍しくないですね。TOEFL® や TOEIC® で一定の点数を取らないといけない、点数を取ると給料がすこし上がる、待遇が良くなるという会社もありますので、そのために受検するのも悪くありません。

　TOEFL® や TOEIC® のための参考書を買ってひたす

ら勉強しよう！ と考える人も多いと思いますが、これまでの日本の教育方法と同様の「読み」「書き」中心の学習法や、受験勉強のようなやり方は、本来の英語力アップには役立ちません。

TOEFL® のための参考書は、あくまでも傾向と対策に使うのがいちばん。「このテストには、このテーマに関する単語が必要だ」「自分はこの系統の単語や表現が弱い」など、相手を知り、自分を把握することだけに活用してください。

まずは、地道に発音して録音して聞き比べる。レベルが上がったらシャドーイングを入れてもいい。最終的には、自分でディクテーションができるようにと、一連の流れを大切にすれば、英語力はどんどん上がっていきます。

感情が揺さぶられる教材を選ぶ

モチベーションを保つには、「楽しむこと」がいちばん。

楽しく勉強できるかどうかは、教材によって大きく変わります。つまらない教材は、誰がやっても飽きてしまい、結果的には続きません。

たとえば、フランスの「アシミル社」の教材は、内容がバラエティーに富んでいます。私が、フランス語を学んだときの教材なので、これはあくまでも参考ですが、この会社の教材は私にとって理想的でした。

　雑誌の記事があり、純文学から抜粋した文章があり、ときにはコメディの一部が掲載されてあり、さまざまなところから選んだ文章を掲載しているのです。内容は、ドラマチックで、ユーモアが効いていて、ときにはホロッときたりという、感情に訴えかけ、心が揺さぶられるような文章が掲載された教材でした。

　イラストには遊び心がありました。見ているだけで、楽しそうな雰囲気が伝わり、ワクワクしてきます。テキストを読んで、意味がわかると笑えたり泣けたり、その物語に入って感動する。

　ハラハラドキドキするような、なにかしらの感情を喚起してくれるような教材を選びましょう。この**ワクワク感と感動が重要**です。

　語学教材は、文法や単語をたくさん使おうと、学ぶことに注目して作られているため、ストーリーのおもしろさが二の次になっているものが多いように思います。人工的でつまらないストーリーの教材よりも、最初からエンターテインメントや純文学を教材にすることです。小説でもいいし、雑誌でもいい。ストーリー自体がおもし

ろい。それだけで、モチベーションが保てる。とても有効な方法の1つですね。

昔からいわれていますが、海外の有名小説家の文章を、とにかく丸暗記する方法も有効です。無味乾燥なテキストはできるだけ避けて、自分がおもしろいと思える教材を見つけることが重要でしょう。

教材探しのコツ──好きな英語がいちばんのお手本になる

サイエンス作家であると同時に翻訳家であるせいか、私にも「いい英語教材を教えてほしい」という声がよく寄せられます。そこで、いくつかの推奨本を紹介していきますが、「この本はおもしろい、この本を読みたい」と思う教材を自分で探すこと、そういう教材に出合うことが上達への近道です。

現在は、インターネット時代なので、試しに音声を聞くことができる教材も多いのが嬉しいところですね。映画が好きであれば映画を題材にした教材、ミステリーが好きなのであれば、ミステリー映画を見ながら英語を勉強してもいいでしょう。「自分はビジネスシーンでの英語習得が目的だから、ビジネスの場面がたくさん出てく

る教材がいい」という人もいるでしょう。

　人それぞれ関心のあるジャンルは違うので道は様々ですが、本書の習得法を実践すれば、最終的には同じように英語を身につけられるようになります。楽しんで教材を探してください。

　1つだけ忘れてならないのは、「音声がついているものであること」が絶対条件だということ。音声がついていないと、「口トレ」（発音フィードバック）ができませんから、ここだけは外さないでくださいね！

仲間を見つける

　また、仲間を見つけることも1つのコツです。私は高校時代、受験勉強をするとき、分厚い単語帳1冊を友人と一緒に覚えました。休み時間になると、前日に覚えてきた単語をテストし合うのです。「この本を一緒に丸暗記しよう！」と競い合うことで、サークル活動のような感覚で楽しく英語に取り組めたことを覚えています。

　大人だからといって、英語を1人で必死に勉強する必要はありません。仲間を見つけて、数人で集まって知恵を出し合う。「三人寄れば文殊の知恵」ですから、メンバーに合った良い勉強法が見つかるかもしれませんし、

おもしろい英語雑誌や、勉強になった映画のセリフの表現、たくさんの単語が覚えられる語源など、情報共有の積み重ねはとても貴重です。

　具体的な目標を持った仲間と一緒に勉強することで、楽しさは倍増します。誰かと話しながら、一緒に学ぶとお互いにいい刺激にもなります。目の前で仲間が一所懸命に勉強していると、「自分ももっとやらなくては」といい意味で焦（あせ）ります。一緒に勉強できる仲間を見つけて高め合うのは、1つの方法だと思います。

　会社から英語力を求められている人は、同僚にも同じく英語力アップを目指す人がたくさんいることでしょう。「いつまでに○○○点を TOEIC® で取ってください」と、会社から提示されているのであれば、仲間を見つけやすいかもしれません。

　また会社の同僚でなくても家族でもかまいません。夫婦のどちらか、あるいは娘や息子が英語の勉強をしているならば、一緒になって勉強してもいい。自分のまわりを眺めて良い英語仲間を見つけてください。それがいちばんの長続きの秘訣かもしれません。

　娘が使っていたディズニー英語システムには、ちょっと不思議な現象がみられます。子どもの勉強に「付き合って」いるお母さんが、いつの間にか、英語をマスターしてしまうのです（笑）。もともと、本書で強調してい

る「口トレ」（発音フィードバック）のための教材が含まれており、科学的にも考えられた英語が習得できるシステムだと思うのですが、ディズニーの楽しさも相まって、親が子どもと一緒にやっているうちに、英語を習得してしまうんですね。

脳科学でモチベーションを保つ

　私の大学時代の同級生で茂木健一郎という親友がいます。ここでは、彼の著作『脳をやる気にさせるたった1つの習慣』（ビジネス社）を参考に、モチベーションを保つ方法（あるいは保てない理由）を考えてみましょう。

　彼は著書の中で、脳がやる気をなくす原因を3つ挙げています。

　①コンプレックス
　②単調さ
　③強制・命令

　3つとも、もっともな理由です。
　もともとコンプレックスがあると、モチベーションは

保てません。最初から「イヤだ、苦手だ」という意識があるからです。英語コンプレックスの人も多いでしょう。その原因はいくつもあると思いますが、私は、まず、「なぜ英語に苦手意識を持ったのか」を思い出してみることをオススメします。英語の先生にみんなの前で叱られた。外国の人に道を尋ねられて、しどろもどろになって恥をかいた。いろいろな理由があるはずです。まずは、コンプレックスの原因を突き止めましょう。コンプレックスを自覚するだけでも、違いが生まれます。茂木健一郎は、

「自分の欠点や弱点を逆手にとって
　言葉として表現してみるといい」

と述べています。

　単調な学習もやる気をなくさせますよね。盛り上がりに欠ける、つまらない授業では眠ってしまいます。自分で英語を勉強するときも、感情やストーリーの盛り上がりに欠ける教材は避けましょう。スリル満点で大笑いができてホラーもロマンスも……というのは無理でしょうが、とにかく面白い教材で勉強するのがいちばん。
　この単調さについて、茂木健一郎は、

「思い切って目標をつくってしまいましょう」

　というアドバイスをしています。TOEFL® や英検の点数・級でもいいでしょう。具体的な目標を立てることで、ダラダラした勉強とおさらばしましょう。

　他人から強制・命令されて英語を勉強しても、なかなか上達しません。脳が「いやだ、いやだ」と悲鳴をあげているからです。でも、会社の命令で英語を勉強しなくてはいけなくなったら、どうすればいいのでしょうか。私は、そういう状況でも、やる気を出す方法があると思います。

　それは、その強制・命令（いまの場合は英語の習得）の「面白い点」を探すこと。どんな仕事・勉強でも、必ず興味が持てる部分があるものです。茂木健一郎は、

「そうそう、実はこれ、僕がやりたかったことなんだよね」

　と「すり替え」「遊びとして楽しんでしまう」ことをすすめています。いかがでしょう？　まずは、脳にやる気を起こさせることが大事なのです。

副章3

ネイティブの
英語感覚を
身につける

ネイティブも結構間違える

　アメリカ映画の英語のセリフには間違いがあります。そう聞くと驚かれる方も多いでしょう。

　これは本当です。子どものセリフは、わざと文法的に間違っている言葉を話していることも多くあるのです。

　わかりやすいものでいえば、ディズニー映画の『リロ・アンド・スティッチ』に登場するちょっと変わった女の子リロは、主人公でありながら、たまに文法的に間違った英語を話しています。

　たとえば、過去完了なのに、過去分詞を使わずに過去形を使っているなどのたぐいの間違いですが、会話として理解できる範囲は許容されています。実際のところ、ペラペラに話せる段階になったネイティブの子どもが、文法的にも正しく話せるようになっているのかというとまた別の話なんです。

　日本人は、「最初に覚えるべきもの」として英文法を教わりますが、本来の語学学習の順序は、まったくの逆。ネイティブの子どもは、複数形になるとbe動詞も変化する、というような文法規則から入るわけではありません。はじめのうちは細かい文法は間違いながら話しています。これは、英語に限らず、子どもが母国語を覚えるときの共通のプロセスですね。

いわゆる正しい英語を習得するためには、最後の段階で文法の知識が必要になりますが、コミュニケーションの会話を学ぶためには何の役にも立ちません。**会話には、SV型、SVO型、SVC型などという知識は、まったく必要ない**のです。大切なのは会話を実践することだけ。

　とはいえ、日本人が文型として覚えた知識は、いろいろな場面で活かせます。

　たとえば、決まり文句のような表現、"looking forward to ～"「～を楽しみにしているよ」という文章の場合、"to"に続く動詞に"ing"をつけるのが正解です。"Looking forward to seeing you."「会えるのを楽しみにしているよ」と、"see"に"ing"をつけるのは、文法的に正しいので、覚えておくと役立ちます。

　また、仮定法といわれているものがあります。"If I were you"「もし私があなたの立場だったら」という場合の"If I were ～"の"were"は、主語が"I"という単数であっても、"was"ではなく"were"を用いるんですね。

　ただし、あまり教育を受けていないネイティブの人は、"If I was you"と言うこともあります。間違っていても通じるので、会話に問題はないのです。場合によっては、「この人は文法を知らないから、知識の程度がす

こし低いのかもしれない」と思われることはあるようです。逆に"If I were 〜"と正しく言えれば、教育のある人だと思ってもらえるという、受け取られ方の違いです。

　様々な国の人が英語を話している現在、ネイティブも細かい文法に関してはほとんど気にしていません。私たち日本人が、一所懸命英語を勉強して、イギリスやアメリカに行ったときに、もし文法を間違えてもほとんどは許容されるでしょう。

　もちろん、大学に英文学を学びに行った学生が文法を間違えた場合には、担当教授が細かい文法の指摘をするかもしれませんが、一般的なシチュエーションでは、意味が通じていればいちいち文法の違いを指摘してくる人はいません（よほどお節介でない限り）。

会話の文法間違いはむしろ自然

　一見、文法が間違っているように見えるフレーズが、実は自然であることもあります。

　たとえば、2人で喫茶店に行って、コーヒーを頼みたいとき、何と言いますか。

"Two coffees."と言いかけて、コーヒーは非可算名詞

だから、"s"をつけることができないことに気づきます。だけれど、コーヒーは2つで複数だから……と、悩んでしまいますよね。英語では、こういう場合、数えることのできる容器に入れて数えます。つまり、正しくは"Two cups of coffee."なのですが、これだと文法的には正しくても、長いんですよね。実は、喫茶店でコーヒーを頼む場合は、単に"Two coffee."でいいのです。

これは文法的にも正しかったりします。会話では、"cups of"が省略されていると考えられるからです。

日本語でも、「カップ2杯分のコーヒーをください」ではなく「コーヒー2つ」とオーダーします。英語でも暗黙の了解で、"Two coffee."と言うのです。

お水がなかなか頼めない!?
意外な宿敵「r」

アメリカ英語とイギリス英語を比べたとき、発音に差が出やすいものは「r」の音です。すでに指摘しましたが、イギリス英語のほうが、聞き取りやすく、わかりやすいと感じたことがある人も多いのではないでしょうか。これは、イギリス英語のほうが、日本語の音韻に近いためです。日本人が、早く正しい発音の真似ができる

のは、巻き舌があまり必要でない（「r」の発音が強くない）イギリス英語のほうなのです。

　アメリカ英語は、日本人があまり得意としない「r」の発音が比較的強いので、これを真似しようとして、苦戦している人をよく見かけます。まったくできない人とやりすぎる人がいるようです。やりすぎる人というのは、過度にアメリカ英語を真似しようとするため、レロレロという発音になってしまい、何を言っているかわからなくなってしまう人です（失礼！）。

「お水をください」と言うときに、"Water please." と（アメリカ英語を真似て）言うのは、なかなか難しいのです。あえてカタカナで表記してみると「ウォラー」になりますが、「ウォラー」とそのまま発音したら、残念ながら通じません。米語の「r」は舌の先が常に宙に浮いていますが、日本語の「ラ」は舌の先を上顎につけますから、別の音なんです。

　それに対して、そのままカタカナで「ウォーター」と言えば、実は通じる可能性が高いんです。ちょっと参りますよね（笑）。

　アメリカ英語の発音は、"water" の「t」と「r」の変わり目がとても難しく、一瞬、舌が上の歯に当たってスッと丸まるような感覚なのですが、実はアメリカ人でも、日本人の「ウォーター・プリーズ」に近い発音を使

うこともあります。たとえば、ガヤガヤとしたレストランなどで、ウェイターにお水を注文するときには、「t」をはっきり発音します。騒音によって、最後の小さい「t」と「r」がかき消えてしまうような状況の場合は、はっきり発音したほうが、相手もわかりやすいからです。ネイティブ自身も、聞き取りにくい音だという認識があるのですね。

この発音で苦戦している日本人旅行者を、私は何度も目撃しています。アメリカに初めて行って、いざ英語を話そうとしたとき、最初にお願いした「お水」が通じなかったら心が折れてしまいます。ただの「お水」ですから（笑）。"water" の発音がとりわけ難しいものなので、お水も頼めないのか、と落ち込む必要はまったくないのですが……。

実は、こういう場面では、ちょっとしたコツがあります。"Water please." が通じないときには、補足をすればいいのです。

なんと、さきほどのコーヒーと逆で、"A glass of water." と言えば通じるんです！ 文脈として "A glass of" ときたら、次は "water" 以外の言葉はほとんど入らないからです。"A glass of" のあとが、もしもうまく言えなくて、「うぉらー！」となっていても「ああ、水がほしいんだな」と理解してもらえます。

アメリカで食事をしていると、店員に "Is everything OK?"「他にご注文は？」と聞かれることがあります。お水がほしい場合には、"Just a glass of water please." と言えば、まず通じるでしょう。海外旅行のときに "water" の発音で悩んだことのある方は、ぜひ使ってみてください。

アメリカ英語とイギリス英語、どちらを学ぶ？

　すでに何度か触れてきましたが、発音のお手本を決めるときに、アメリカ英語とイギリス英語のどちらを選ぶかというのは究極の選択です。まずは、日本人が真似しやすいイギリス英語の発音をお手本にするというのは1つの方法ですが、いちばん大切なのは、あくまでも目的に合わせること。

　たとえば、大阪に赴任する予定のある外国人が、日本語を勉強するときには、本当は、標準語を学ぶよりも、大阪弁を学んだほうが役に立つでしょう。一所懸命、標準語を勉強してきても、大阪ではみんなが何を言っているのか全然聞き取れないとなったら、実生活で困ってしまいます。コミュニケーションをとる機会の多い（もし

くは多くなる予定の）人たちが使っている英語に合わせて選ぶことが大切です。

　イギリスやオーストラリア、ニュージーランドに行く機会が多い人は、間違いなくイギリス英語を勉強するのがよいといえます。オーストラリアもニュージーランドも訛りはありますが、アメリカ英語とは違い、イギリス英語に近い発音です。

　ハワイも含めてアメリカに旅行することが多い人や、アメリカ人と接することが多い人は、やはりアメリカ英語をお手本にしたほうがいいと思います。また、カナダはもともとイギリスの植民地でしたが、地理的にはアメリカに近いので、やはりアメリカ寄りの英語が多いようです。

　語学教材にも、「アメリカ英語もの」と「イギリス英語もの」の両方があります。アメリカで作っている語学教材はたいていはアメリカ英語だけで、イギリスで作っている語学教材はたいていイギリス英語だけで作られているのですが、それ以外の国で作られている教材は両方に触れられるように作っているものもあります。

　日本が作っている教材はアメリカ英語が多く、ヨーロッパ系の語学教材はイギリス英語が多いように感じます。ヨーロッパの人々は、アメリカ人よりはイギリス人

と接することのほうが多いので、自然とイギリス英語の教材が多くなるのでしょう。

　ニーズに合わせるのがいちばんですが、**どちらを覚えたほうがいいか本当に悩んでしまっている方には、私はアメリカ英語をおすすめ**します。ビジネスで英語が必要だという人も、アメリカ英語を選んだほうが無難だと思います。

　現代はアメリカ英語のほうが主流だと思われますし、せっかく発音の真似ができるようになったとしても、イギリス英語をお手本にしていると、アメリカ人の英語は聞き取れないという状況が出てくる可能性があるからです。

　どうしても巻き舌が難しくて、何度も練習しても発音できなかったら、最後は「ウォーター」という発音でも通じるのですから、まずはアメリカ英語の発音を練習してみてください。

　録音して修正して、なんとか再現できるようになった人は、聞き取れるようにもなっていますから、それだけでも大きな収穫です。

　余談ですが、北アメリカ大陸に行って、完全なイギリス式の発音をすると、すこし尊敬されることがあります。「あなたはイギリスの発音だね」「珍しいね」「きれいな発音だね」などと言われます。日本でも、東西南北

の訛りがあります。イギリス英語は、東京で話している
ような標準語に相当するのかもしれません。歴史的な背
景を辿ると、アメリカ英語は、イギリス英語が訛って話
されているという認識があるようです。純粋なイギリス
英語への、一種の憧れがあるのかもしれません。

　また、最近ではアジア英語も注目されています。マレ
ーシアやシンガポールに行くと、たとえ相手が英語を話
していても、何を言っているかまったくわからないこと
もあります。それはその国の人が話す英語の個性がある
からです。たとえば、シンガポールの英語は「シングリ
ッシュ」といわれ、とても特徴的なので、シンガポール
へ赴任する予定がある人は、もちろんその国の英語の特
徴も勉強しておくと役立つでしょう。

明治大学と明治な大学

　また、マーク・ピーターセンさんの『日本人の英語』
（岩波新書）から、日本人が話すおかしな英語をもう１
つご紹介します。

　東京大学は、"the University of Tokyo" と言います
が、場合によっては "Tokyo University" とも言いま
す。明治大学は、正しくは、"Meiji University" です。

"University of Meiji" と言えるかどうかというと、これは間違いなんです。"Tokyo" は地名なので、「○○（場所）の大学」というニュアンスで "of" が使えるのですが、"University of Meiji" は、「明治な大学」というような違和感のある表現になってしまいます。

　英語で話しているときに、東京大学と明治大学のことが一緒に話題になることがあれば、うっかり "University of Meiji" と言ってしまいそうですが、ネイティブは首を傾げてしまいます。このような例はとても多いのです。

　前置詞といえば、受験のときに、一所懸命、どうやれば使い分けができるのか理屈を考えて覚えたと思います。

　たとえば、「車に乗りなさい」は、"Get in the car." で "in" を使い、「電車に乗りなさい」と言うときには、"Get on the train." で "on" を使うという、"in" と "on" の使い分けなどの問題です。これは理屈で説明すると、"in" は中に入るイメージのものに使うということです。車は中に入るものですし、たとえば子どもに家に入るように言うときも "Get inside." と言いますね。"on" と言ってしまうと、家の屋根に登るようなイメージになってしまうんですね。

　それでは、電車はなぜ "on" なのかというと、ある

いは何か時代的な背景があったのかもしれません。昔の電車や汽車の形状だとか、荷台みたいなものが進化していったからだとか憶測できるでしょう。

「なぜ、この場面ではこの前置詞を使うのか」という理屈を考えるのは、なかなかおもしろいものです。ただ、実際のところネイティブは、どのように使い分けているのかというと、やはり感覚的なものが多いようです。ですから、日本人もあれこれと頭で考えすぎずに、「そういうものだ」として「ゲッティンザカー」のように塊で覚えてしまいましょう。それが上達の近道です。

ネイティブも、前置詞の"in"は含まれるという概念で、"on"は乗っているからなどの概念でというように、いちいち考えてはいません。

たとえば、フランス語には、男性名詞、女性名詞があります。フランス人の先生に「どの名詞が女性でどの名詞が男性かすべて覚えているのですか」と質問したことがあるのですが、「いや、わからないこともあるよ」という答えが返ってきました。フランス語を話すときに、外国人が男性名詞と女性名詞を間違えても、フランス人は誰も咎めません。自分の子どもが間違えていれば、正すのかもしれませんが、外国人である日本人が間違えても、大きな問題にはならないのです。

日本人が英語で前置詞を間違えたとしても、同じ感覚

でしょう。前置詞は、たくさんの時間を費やして一所懸命覚える必要はありません。音として自分の頭に入っていればそれで充分です。

日本人は“the”がお好き

　日本人は、なぜか“the”が大好きです。“a”や“an”ではなくて、頻繁に“the”を使ってしまう傾向があるようです。実は、ネイティブやバイリンガルには、意外とこれがおかしく聞こえています。

　“the”というのは、「例の」と置き換えられるほどの強い意味を持っているからです。「例の」という言葉が当てはまるような、会話をしている人たちの共通認識が一致しているものを指すときなどに、“the”を使います。「あの」「ほら、例の」といった強調するイメージです。たとえば“the Smiths”と言ったら「ほら、例のスミス一家の話だよ」というニュアンスになります。

　会話の冒頭が、“the”で始まると、日本語でいえば、はじめから「ほら、例の」と言われているようなものです。誰も前提を共有していない話である場合、違和感が生じるでしょう。

　日本人は、つい無意識に“the”をつけてしまうので

気をつけなくてはいけません。これは日本人の英語の癖なんですね。あまり意味がないのであれば、むしろ冠詞は入れないほうがよさそうです。とつぜん「ほら、例の」と言われたら、「え、例のって、どの？」と不思議に思い、相手は戸惑ってしまいます。

　それでは、次の2つの文章は、どのような印象になりますか。

　(1) A car bumped into the store.
　(2) The car bumped into a store.

　どちらも文法的には間違いはありません。でも、ニュアンスが違うのです。

　(1) "A car bumped into the store." という場合には、"the store" と言っているので、「お店」を強調して伝えています。「ほら、あの店に車が突っ込んだよ」というように、みんなが知っているお店が大変だということを、メインとして伝えるニュアンスです。(1) で重要なのは "the" がついているお店であって、車ではありません。

　逆に、(2) "The car bumped into a store." では、車のほうが重要です。それこそ、自分たちの車かもしれな

いのです。

マーク・ピーターセンさんは、『日本人の英語』の中で、日本人のやりがちな、余分な "the" の1つの例文として、次のようなものを紹介しています。

"In Japan, even in the age of television people still seem to read **the** novels quite a lot." 「日本では、テレビ時代となっても、小説はいまだによく読まれているようである。」は、ネイティブに "What......?" と思わせる文章になっています。この場合には、この文にその質問に答える表現を入れれば "the" に違和感がなくなるので、そのまま使ってもいいとのことなのです。

たとえば、"In Japan, even in the age of television people still seem to read **the same kind of romantic novels that have been popular since late Meiji times**." 「日本では、テレビ時代となっても、明治時代の末頃から人気を呼んできたロマン小説と同じようなものはいまだによく読まれているようである。」とすれば、ネイティブに "What......?" ときかれる心配はないということなのです。

良いお手本をたくさんインプットして、ネイティブの「the 感覚」に近づきましょう!

英語力を飛躍的
に高める
3つの魔法

語源、ニュアンス、イディオム

日本語は英語よりも難しい

　日本語と英語は、とにかく言語構造が違います。文字も文法もすべてが違うので、日本人は、英語を習得するのが難しいといわれています。

　ただ、逆から考えてみてください。日本人が英語を勉強するよりも、英語圏の人が日本語を勉強するほうがはるかに難しいのです。日本語には、様々な言い回しがあり、作りが細かく、さらに書き文字にはひらがなやカタカナや漢字などの種類があります。こんなに難しい言語を使いこなしていることを誇りに感じるくらいです。

　日本語を「話す」ことができるアメリカ人やイギリス人はたくさんいますが、漢字が使える外国人はあまりいません。書き文字が大きな壁になっているのです。

　ひらがな、カタカナ、漢字を覚えなくてはいけない。学ぶことがたくさんあるのです。日本語は、世界の言語の中でも一、二を争うぐらい難しい言語です。こんなに難しい言葉を私たちは使いこなせているのですから、本来は英語を恐れる必要などありません。

　英語を勉強するのは簡単です。アルファベットだけ覚えれば文字が書ける。また、フランス語やドイツ語のように、男性名詞、中性名詞、女性名詞もありません。

　たとえば、フランス語を勉強するときには、男性名詞

と女性名詞を覚えなくてはいけません。ドイツ語の場合は、さらに中性名詞も覚えなくてはいけないのです。ギリシャ語も同じく、男性名詞、中性名詞、女性名詞があります。

　ヨーロッパの言語は、もともとこの名詞の使い分けがありますが、英語にはありません。英語は一種の進化系とでもいうか、合理化されて使いやすいように簡略化されている言語なのでしょう。

　英語は難しい言語ではなく、とても勉強しやすく、習得しやすい言語です。このような認識で、ぜひ英語と向き合ってください。

英語はどのような言語？　

　ヨーロッパの人たちは、英語とほとんど同じアルファベットを使っています。音も似ているので、英語を学ぶことは簡単です。また、ヨーロッパの言語は、お互いに親戚のような関係にあります。ここでは、言語の関係性や英語の歴史についてすこし考えてみましょう。

　たとえば、フランス人とスペイン人とイタリア人は、お互いの言葉がおおまかに推測できるそうです。私がカナダの大学院に留学していたとき、クラスメイトの半分

ぐらいはフランス系でした。

ある友人は、フランス語が母国語で英語もできるのですが、スペイン語はまったく話せませんでした。でも、「スペインに行くと、スペイン人が言っていることはほぼわかる」と話していました。文法はすこし違うので、話すことはできないようですが、スペイン語をまったく勉強していなくても、話は理解できて、新聞の内容もだいたい予測できるというのです。

フランス語、スペイン語、イタリア語は、ラテン語から派生しているので、同じ仲間のバリエーションで、方言のようなイメージなのでしょう。

英語は、インド゠ヨーロッパ語族のゲルマン語派に属し、ドイツ語に近いといわれていますが、ラテン語が語源の単語もたくさん混ざっています。本来は、ラテン語系の言語でないにもかかわらず、ラテン語が語源の単語がたくさん混ざっているのには、理由があります。

歴史を振り返ると、11世紀のノルマン征服によって、イギリスは「フランス人」に征服されました。王朝がフランス語になったことにより、大量のフランス語が流入し、英語の中にフランス語の単語や言い回し、ラテン語の語源のものが数多く残っているのです。言葉の中には歴史が埋もれているのですね。過去の戦争の歴史の結果、現在の英語はフランス語とミックスされているの

でしょう。

　現在、英語のネイティブスピーカーには、ラテン語の語源のものは、すこし難しいイメージのある高級な言葉として、とらえられている傾向があります。日本人にとっての漢字や漢語への感覚に近いかもしれません。

ラテン語系の英語には高級感

　ラテン語は、おおもとの古語のようなものです。そこからフランス語とスペイン語とイタリア語などに分かれて発展しました。

　英語のネイティブが、ラテン語に高級感を覚えるのは、かつてのヨーロッパの学者たちが、学問の世界の公用語としてラテン語を使ってきたことに由来するのかもしれません。

　ヨーロッパの知識人は、自国語ではなくラテン語で本を書くのが当たり前でした。デカルトは『方法序説』という本をフランス語で書いていますが、これは当時センセーショナルな出来事でした。自国語で本を書くと、「フランス語で書いたの？」と驚かれるような時代だったのです。

　日本でいえば、二葉亭四迷が、書き言葉に革命を起こ

したことが、同じような驚きだったと思います。二葉亭四迷の文章は、現代の私たちからすると読みにくいものですが、『浮雲』という作品を「候文（そうろうぶん）」で書くのではなく、言文一致体（日常に用いられる話し言葉のような口語体を用いた文章）で書き、日本の近代小説のもととなったのです。

　英語は、ラテン語から派生したフランス語の影響を強く受けていますので、現代の英語にもラテン語系の単語がたくさん入っています。

　特に、アカデミズムの世界で使われる言葉には、ラテン語の名残が強い傾向があります。ただし、これは学者の世界の話で、日常会話の中ではあまり使いません。正式な漢字で書くか、ひらがなで書くか、日本語でも使い分けがあるのと同じで、英語にもそういう表現の違いがあるということを頭の片隅に入れておくと、様々な場面で役立ちます。

　たとえば、医学用語です。「眼科医」は"ophthalmologist"といいますが、これはラテン語的な言い方で、通俗的には"eye doctor"「目医者」といってしまいます。

"ophthalmologist"は、ネイティブにも難しい言葉です。日本語でも、「眼科医」と「目医者」と使い分けはありますね。眼科に限らず、医学用語には、他にもこの

ような例がたくさんあります。

ラテン語が語源の単語の特徴は、複数形に "s" ではなく、"ae" がつくことです。

たとえば、"mathematical formula" は、「数学の公式」です。「フォーミュラ」とそのまま日本語にもなっていますね。単数のときは "formula" といい、"a" で終わっていますが、複数形は、"formulae"（フォーミュライ）となり、"ae" で終わるのが、ラテン語の複数形です。複数形が "ae" で終わる単語は、基本的にはラテン語と考えていいのです。

ただし、普段使い慣れている -s を、そのままつけているネイティブの人もいます。本来は、"formula" の複数系は、"formulae" で -e がつくはずなのですが、"formulas" と言う人もいて、これはこれで、きちんと通じます。

"formulae"（正しいラテン語の複数形）は、"formulas"（本当は正しくない、変化した複数形）よりも、すこし格式張ったような、かっこつけているような、場合によっては、すっきりとしたイメージがあります。

ニュアンスの違いというのは、学者の性格が垣間見られるようなおもしろい部分でもあります。たとえば、気取らない性格で知られた物理学者のリチャード・ファイ

ンマンであれば、平気で“formulas”と言うでしょう
し、もっと格調高い学者であれば、“formulae”と言う
かもしれません（笑）。

　このように、ラテン語系の語彙は、ネイティブにも高
級感のある言葉なので、自分で使う必要はありません
が、ラテン語系の言語であることを識別できるようにな
ると、英語がもっとおもしろくなります。ラテン語を知
ることによって、英語の雰囲気やニュアンスが読み取れ
るようになります。あえて小難しく書いている文章と
か、格調高く見せようと表現しているということがわか
るようになります。

ラテン語と英語力の意外な相関

　ヨーロッパの学校では、いまだにラテン語の基本を教
えています。日本人が学校で古典を勉強するのと同じよ
うな感覚でしょう。ラテン語はヨーロッパ言語のおおも
との言語ですし、英語はその影響を大きく受けています。
　英語を深く知るには、ラテン語がおすすめです。英語
を習得したいのに、ラテン語の勉強？　と疑問に思う人
もいると思いますが、現在の完成された英語のみを学ぶ
のではなく、その根っこの部分から勉強するのは、有効

なアプローチです。

　ただし、あくまでも「英語を勉強する人のため」という視点を忘れないことがポイントです。

　ラテン語を勉強することで得られるいちばんの収穫は、語源がわかるようになることでしょう。語源的な感覚が身につけられるので、知らない単語の意味を推測することにも役立ちます。1つの語源からいくつもの単語がつながり、広がっていくので、**頭の中の英単語の数もぐんと増える**のです。

「英単語がつながる」ことがわかると、とても感動します。ただ漠然と自分の頭の中に存在していた英単語が、実はつながっている・関連していることを発見できるのですから。あまり注目されてはいませんが、語源からのアプローチはおすすめです。

　興味を持った人のために、いくつかの本を紹介したいと思います。語源本は何冊も出ていますので、最終的には自分の目で確かめて、あなたに合う本を選んでください。

〈英語のためのラテン語の本〉

▷『英単語の語源を知り語彙を増やすための
　ラテン語 – 日本語 – 派生英語辞典』
（山中元編著　国際語学社）

▷『語源で楽しむ英単語―その意外な関係を探る』
　（遠藤幸子　日本放送出版協会）
▷『ラテン語と英語―より深く英語を理解するために』
　（小山次郎　文芸社）

〈語源から単語を学ぶ本〉
▷『英単語がふえる本』
　（首藤訓宏／ダグラス・スタウト　ダイヤモンド社）
▷『語源でたどる英単語まんだら』
　（岡山徹　小学館）
▷『語源とイラストで一気に覚える英単語』
　（清水建二著　William Currie／中田達也監修　明日香出版社）

　また、インターネットでも、「英単語を語源で覚えよう」というホームページがあります。
　https://www.road52.com

ギリシャ語もね

　うーむ、ラテン語だけでも無理だと思うのに、ギリシャ語もだって？　バカも休み休み言え！　そんな読者の声が聞こえてきそうです。でも、英語を自分のものにし

ている人の多くは、ラテン語とあわせてギリシャ語をすこし勉強することで、難解な単語を自由自在に使いこなしているのです。

　また病院の例を挙げましょう。小児科がどこかを探したら、"Pediatrics" と表示してありました。うん？　なにやらムズカシイ単語ですよね。これは、きちんと分析すると、ギリシャ語の "pais"（子ども）の続格の "paidos"（子どもの）に同じギリシャ語の "iatros"（医者）がくっついて、最後が "ics"（学術用語の接尾語）という成り立ちなのです。つまり、「子どものお医者さんの学問」というギリシャ語が語源なのですね。

　語源まで遡ることで、難解な単語の意味が分解されて、意味がよくわかるようになります。あるいは、エリック・サティの名曲「Gymnopédies」をご存じでしょうか？　これはフランス語ですが、英語を語源から勉強している人は、すぐに推測がつきます。"gym" は日本でも「ジムに通う」などと言いますが、ギリシャ語の "gumnasia"、つまり体操のことですね。それに "paidos"（子どもの）がくっついて、フランス語的に変形されているのです。つまり、「子どもの体操」となります。さらに深く追究すると、ギリシャ語の "gumnasia" は "gumnos"（裸の）から来ています。古代ギリシャ人は裸で運動していたからなんですね（笑）。

いかがでしょう？　ギリシャ語とラテン語のいわゆる「西洋古典」の常識をクイズみたいにして習得していくと、英語の解釈力は飛躍的に向上します。

語源を学ぶとイメージがつながる

　語源を学ぶと頭の中のバラバラな言葉が、イメージでつながるとは、どういうことでしょうか。

　私たち日本人の日本語も、実は頭の中で関連づけられています。

　たとえば、漢字は形でイメージを感じ取るものです。パッと見て、正確な読みはわからなくても、だいたい何の意味かわかることも多いですよね。基本の漢字や部首、つくりの知識があれば、すこし複雑な漢字であっても、その組み合わせで、意味を予測することができると思います。

　にんべんは人間を意味しますし、さんずいは水を意味します。草かんむりがついていたら、何か植物に関係していることだというように感じられます。ある程度、類推が働くのです。

　英単語も同じで、「言葉の塊」や「発音の塊」の周囲に、たくさんの単語がつながっているのです。漢字の部

首やつくりのように、分解してパーツやイメージでとらえていくことで、無理なく覚えられるようになります。

　語源は、ラテン語かギリシャ語の由来が多いですが、つながりが見えると、頭の中の単語に関係性が出てきます。孤立した一語として「点」で存在するのではなく、お互いを行き来することができる「線」になります。

　脳の中で「言葉のリンク」が張られると、英語は予測できるようになるのです。はじめて出合う単語でも、楽しいイメージ、悲しいイメージ、固いイメージ、ふさふさのイメージなどと、頭に思い浮かべられて、なんとなく意味がわかるようになるので、言葉のイメージのつながりはとても重要です。

　単語をたくさん覚えたいときには、パーツを覚えて、そこから派生して増やす方法が効率的。機械的に単語を１つずつ覚える作業を繰り返すのは、もったいない！

語源方式で単語力を伸ばす

　英単語の記憶は、語源方式でどんどん広がります。その感覚を読者のみなさんにも味わっていただけたらと思います。例として、penta、octo、dec の３つを紹介しましょう。

〔 頭に "penta" がついたら…… 〕

　日本のカメラ等のブランド名、"PENTAX" にも使われている "penta" は、「5」「五角形」という意味を持っています。そして、「五角形」を意味する英語の "pentagon" は、"pentarism" というラテン語の語源から来ています。つまり、五つ角があるものを、"penta" と言うのですね。英語の "pentagram" や "pentacle" は、五角形を指す単語です。

　"The" をつけると、"pentagon" は「米国国防総省」のことを指します。五角形の建物の形から、こう呼ばれているのです。語源の知識があると、知らない単語であったとしても、頭に "penta" とついた瞬間に、「5」に関連するものとわかります。こうして、単語の幅が一気に広がるのです。"pentagon" と "pentagram" は、仲間の単語ということです。

〔 頭に "octo" がついたら…… 〕

　これは同じくラテン語の語源から来ているものです。"octo" は、「8」を意味します。たとえば "octopus"「タコ」は、足が8本ある動物ですし、"octogenarian" は、年齢の80代を意味しています。

　"October" も仲間の単語です。このように聞くと、「あれ？」と思う人も多いのではないでしょうか。本来

は "October" は、8番目の月でした。しかし、"October" が8月ではなく、10月と2つも後ろにずれてしまったのには理由があります。

7月は、"July"。ローマのユリウス＝カエサルの月が原義です。8月は "August" で、こちらも、実は初代ローマ皇帝アウグストゥスの月です。

6月と9月の間に、2人の政治家の名前が入ってしまったので、"October" が8番目ではなく10番目になってしまったんですね（笑）。

〔 頭に "dec" がついたら…… 〕

"dec" は、「10」の意味です。たとえば、"decade" は「10年間」、"decimal" は「十進法」の意味です。月を表す単語では、"December" があります。10番目の意味のはずですが、やはりさきほどと同じく、ユリウス＝カエサルと、アウグストゥスの2人分が入っているので、10月ではなく、12月を表しています。

また、"deci" になると、10分の1の意味なので、"decibel"「デシベル（電力や電圧、エネルギーなどに用いられる単位）」は、単位ベルの10分の1なのです。

さらに、ここから派生したのが、"dime"「ダイム（10セント硬貨のこと）」です。

"dec" や "deci" という綴りで始まれば、「10」を意味

するのだと記憶すると、単語は芋づる式にたくさん覚えられます。

このように、いままで別々に覚えていたものが、たとえば "dec" という1つの語源によってつながっていきます。グループで覚えると、別々に記憶する手間が省けますね。

英単語を増やすときには、語源方式で、「似てる」という感覚を大切に覚えていくと、単語力はあっという間に飛躍的に伸びます。**あくまで感覚が大切なので、厳密にやる必要は、もちろんありません。**

TOEFL® を受けるには、単語が5000くらいは必要だといわれたとしても、語源ごとのグループでまとめていったら、実際には1000から2000くらいかもしれません。英単語というのは、そのくらい**仲間の言葉が多い**のです。1つの語源から派生していて、もともとは同じ単語が、名詞、動詞、形容詞、副詞……と、すこしずつ姿を変えているだけなので、意外と覚えるべき数が少ないことに気がつきますね。

オーロラは英語？

オーロラ "Aurora" は、字面を見た瞬間に、もとも

とは英語の単語ではないということがすぐにわかります。日本人は、オーロラは英語だと思っていますが、それは英語になったオーロラ（aurora）という言葉が、日本語に入ってきたからです。本来は、"Aurora"は、アウロラ（Aurora）というラテン語の発音で、ラテンの神話（つまりローマ神話）に出てくる曙の女神の名前です。

　"Aurora"は、本来は「アウロラ」ですが、英語には、音として、ae（アエ）とか、au（アウ）という母音が続く音がないので、英語のネイティブはこれをうまく発音できません。「アウロラ」は、まさに発音できない音なので、「アウ」を「オー」と言って「オーロラ」となったのです。本来は「アウ」で始まるような単語は英語には存在しなかったといえます。ちなみに、"Takeuchi"（竹内）の eu（エウ）も、英語のネイティブには、とても難しいのです。

　母音が2つ続いているスペリングの単語は、本来は英語ではありません。母音が2つ続いている音は、英語のネイティブには発音できないので他の音に置き換えられています。語源を知っておくと、様々な法則にも気づくことができます。

孤立している単語の仲間を見つける

　続いては、すこしだけ例を出して、頭の中で孤立している単語を、イメージでつなげて整理してみたいと思います。

〔 明るさの単語 「カンデラ」「ルクス」「ルーメン」〕

　明るさを表す単位に、"candela"「カンデラ」という言葉があります。「カンデラ」を「明るさの単位」として機械的に理解している人も多いでしょう。これはラテン語の「白く光る」から来ているんですね。そして、これは、"candle"「キャンドル」という「蠟燭」を意味する英単語とつながっているわけです。

　また "lux"「ルクス」や "lumen"「ルーメン」という明るさの単位の語源も近いですね。"luna" はラテン語の「月」。"lux" はラテン語の「光」。"lu" という綴りや発音がきたら、なんとなく光り輝いている明るいイメージになるわけです。

〔 運ぶ単語 "carry" のグループ 〕

　"car" は「車」ですよね。"cargo" は「積み荷」、日本語でもカーゴと言います。両方とも語源としてはラテン語の「荷馬車」から来ています（"cargo" は、スペイン

198

語の「荷を積む」を経由して英語に入っているようです）。

　さらに、"car"「自動車」関連では、親戚として、"course"「進路」もあります。ラテン語の "currere"（走る）から来ています。また、"carpenter"「大工さん」もラテン語の「車大工」が語源なので近いですね。あと、"courier"「特使、急使」は、日本でも、クーリエ便と言ったりします。

　"occur"「（物・事）が起こる」と "current"「流れ」も、基本的にラテン語の "currere" から来ています。"cur" ときたら、なんとなく「走る」「動く」から、派生するものが思い浮かびますよね。

　たとえば "recur" という単語もそうです。戻ってくることを "return" と言うように、"re" は、繰り返しの意味を持っています。"re" は「繰り返すこと」、"cur" は「動き」なので、組み合わせて考えると「何度も起こる」という意味だとすぐにわかります。辞書を引くと「再発する、立ち返る、思い出される」などの意味も載っています。

〔 部分の単語 〕

　"part" は「部分」ですよね。そして、"participate" は「参加する」です。"part" は「部分」だということを考

えると、「部分になる、一部になる」という意味から、「参加する」ということなのだとわかります。
"particular"「特に」も、「たくさんある中の一部分」という意味でつながっている単語です。ともにラテン語まで遡ることができます。

「部分」「参加する」「特に」は一見するとバラバラに見えますが、イメージで考えると実はつながっているのですね。

　もちろん、人類の言語はラテン語やギリシャ語に始まったわけではありません。これらの古代言語のもとになった、インド＝ヨーロッパ言語の祖語もあるわけです。とはいえ、英単語を「つながり」で勉強する場合は、厳密な言語学の話ではなく、ゆるやかなイメージのつながりで関連づけていけばいいのです。「lu」が「光」、「cur」が「動き、流れ」といったイメージを抱くことで、英単語が芋づる式に出てくるようになるのです。

ニュアンスをとらえると間違いが減る！

　イメージで理解できる能力は、英語力をさらに一歩高

める意味でとても重要です。たとえば、言葉のニュアンスを知っていると、翻訳するときにも間違った訳語は入りにくいのです。

　これは日本人の英語勉強法にも共通していますが、日本人の翻訳者は、とにかく**辞書を引きすぎている**ように思います。

　正確に訳したい人ほど、たくさん辞書を引く傾向にありますが、辞書にはたくさんの言葉が載っています。訳語の候補としてバラバラに出ている言葉の選択肢の中から選ぶのはとても難しいことです。

　１つひとつを辞書で引いて、バラバラに理解して、つなげたら意味が通ったというやり方は避けなければいけません。意味は通っても、原文とは違う意味になってしまう。いわゆる**誤訳の可能性が高くなる**のです。

　頭の中で、単語の関連づけがあれば、ニュアンスでとらえて、辞書に載っている言葉の選択肢から正しく選ぶこともできますが、翻訳者によっては、言葉のニュアンスをとらえることができないこともあります。思い込みで勝手に意味を決めてしまい、意味が合わないというトラブルはよく起こります。

　１つの単語に、訳語の候補が辞書には５つ載っていたとしても、「５つの別の意味」があるわけではありません。１つのイメージから派生しているものが、状況によ

っては違う日本語に訳されるので、候補が５つあるだけのことなのです。たとえば、会社の場面であったり、学校での場面であったり、様々な場面や状況に応じて、訳語は変わります。

　ずらりと並んだ訳語を見ると、様々な意味がある単語という印象になりますが、おおもとは同じなのです。

　翻訳の監修（監訳）をしている場合に、下訳（草案としておおまかな訳をつけること）者の誤訳を指摘すると、「辞書に書いてあります」と反論されて議論になることが多いので困ります。辞書に書いてあるのは、状況に合わせて使われる日本語の例なので、場面が合わない場合には、その訳語は使えないのですが、なかなか納得してもらうのは大変です。

　昔、科学雑誌の翻訳をしていたときにも、明らかな訳語の間違いを見つけました。ニュアンスを考えると文意の誤りは明確ですが、下訳者にそれを指摘しても、なかなか信じてもらえないので、毎回イギリスやニューヨークの本部に、メールで伺いを立てて「この英文の訳の意味について、２つの意見が出ています。これはこういう意味でしょうか、あるいはこういう意味でしょうか」と、どちらが適切かを確認していました。

　そして、私が主張している訳の意味が適切だと回答が

返ってくるとその結果、ようやく納得してもらえる。私はバイリンガルなので、おそらく英語のニュアンスに関する感覚が他の翻訳者よりもすこしだけ敏感なのだと思います。日本人の翻訳者と仕事をするときには、この感覚的な違いを理解してもらうための苦労が絶えません。もうすこし語源やニュアンスで英語をとらえてほしいものです。

　以上のように、**英語を効率よくマスターするコツは、ニュアンスを覚えておくことです。** 1つの接頭語、接尾語をはじめとして、他のパーツもすべてがつながっています。

　つながりが見えてくると、自分の頭の中の単語もグループ化され、新しい単語もすんなり覚えられるでしょう。

　また未知の単語に出合ったときにも、だいたいの意味が推測できます。正確な訳語はもちろんわかりませんが、単語の持つイメージがわかるだけでも大きいのです。文脈とあわせて考えると、場合によっては、ほぼ類推できますから。

読解力と翻訳力の違い

　翻訳スクールは人気があるようですね。様々な目的の人がいると思いますが、日本人は、学校で英語の「読み」「書き」を数多く経験して、比較的読解力があるから誰もが翻訳家になれるかというと、そうは問屋が卸しません。たしかに日本人は、英文を自分で理解する能力は養われていますが、それは、あくまで「読解力」にすぎません。

「読解力」は、文章を読んで、その意味を理解する力です。「翻訳力」は、ある言語で表現された文章の内容を読み取り、他の言語に直すことです。英語の意味を理解して、日本語だけで読んだときに意味が伝わるようにするためには、それなりのノウハウも必要です。

　私も翻訳の仕事を始めるようになってから、何度もそれを感じる場面に遭遇しました。

　たとえば、翻訳していると、下訳をやってくれている人が「この this とこの that が、どっちを指しているのかわかりません」と首を傾げている状況に遭遇します。

　this と that で何かを指す場合には、**this は直前に出てきたものを指す**というのが、英文の基本的なルールです。

　しかし、英語は生き物なので、書き方の癖としてそれ

が逆になる作家もいるでしょう。そのときは、意味が通るかどうかを優先して考え、作家に合わせて翻訳しなくてはいけません。論理的に意味が通るかどうかが大切です。

やってはいけないのは、こじつけです。

優秀な翻訳者は、自分がわからないところはわからないとします。論理的に考えてわからないときは、わからないのです。なんとなく自分で勝手に「こうじゃないかな」と文章を作ることは、絶対にやってはいけません。

こじつけで文章を作り、著者の主張とまったくかけ離れているような意味の訳文にするのは、英文和訳では絶対やってはいけないことですから、もし意味が取れないときには、「わからない」という状況を直視すべきなのです。

面白いもので、自分が頭を抱えていても、別の人が読めばすぐわかる場合もありますから、人に聞くというのも手です。また、意味がわからないと悩んでいると、実は原文自体の誤植だったというケースもあります（笑）。最終的には、わからない箇所は、まとめて原著者に確かめるのがいちばんです。

論理的に考えることは、とても重要です。著者はどういう論旨の展開で、何を主張しているのかが理解できれば、意味が取れないことは、実際にはほとんどありませ

ん。近視眼的に見ると意味が取れない場合でも、全体の流れを汲むと意味が取れることが多い。それが文脈（コンテクスト）といわれるものです。

　文脈が頭に入ってくると、英文和訳がスムーズになります。指示語が何を指しているかも、はっきりわかります。一部を切り取ってきたらわからない文章でも、全体の文脈で読むとわかるんですね。

　また、英文でも、文章や文法が「流れてしまう」ことは、日本語と同じようにあります。本書でも、わざと流れたままの文章が20から30はあります（笑）。カチッとした正しい文法の形にはまっていなくて、言い淀んでみたり、句点で区切らないで、読点で区切ったとしても、全体として理解できるのであれば、それは間違いではありません。話し言葉に近い文章の書き方が混ざっているということです。著者が文章をあえて「ゆるく」書こうと、残している部分もあると思います。エッセイなどにもこの手法は多いですね。

　英語にもゆるい文章はありますので、その場合、正確に文法的に分析していくと理解ができません。話し言葉のように文章が流れているのだと思えば、その流れに沿って英訳すればいいのです。

　朱牟田夏雄さんの『翻訳の常識――読解力から翻訳力へ』（八潮出版社）という本は、「読み」「書き」に特化

した本で、英語の論理構造の勉強になります。古書で手に入りにくいですが、読解力の上のレベルの翻訳感覚を教えてくれる良書ですので、興味のある方はぜひ読んでみてください。

字幕翻訳は「伝える英訳」の究極

　洋画の日本語字幕は、とてもレベルの高い翻訳なので英語の勉強になります。映画の翻訳家は、英語翻訳のプロです。映画の内容を日本人に理解しやすいように、また、おもしろさをそのまま伝えるため、原文とは違う日本語訳を書く場合もあります。

　わかりやすい例はジョークです。英語と日本語は言語構造が違うので、ジョークをそのまま翻訳することは不可能です。そのまま訳すと、おもしろくないどころか意味すら伝わらないので、日本人が見ておもしろくなるように、違う意味の日本語を当てはめています。

　ジョーク以外の部分も、文化の違いに応じて変更しています。アメリカ人には常識だけれど、日本人は知らない話題のときには、日本人が知っているものに置き換えたりします。

　また、時間の制約もあります。「聞く時間」と「読む

時間」を比べると、読むほうが圧倒的に時間がかかります。次々に移り変わる画面に合わせて、短い時間内で内容を伝えようとすると、情報量を少なくする必要があります。観客が字幕を読み終わらないうちに、次の場面に移行することは避けなければなりません。

　吹き替えと比べて、**字幕は簡潔に翻訳する必要がある**のですね。映画の登場人物が、早口で話す内容を逐語訳したら、あっという間に10行くらいの日本語になってしまいます。

　この人はいま何を言いたいのかということに注目して、簡潔な日本語でパッと置き換えているので、単語レベルで1つひとつ置き換えていくことは、まずありえません。

　簡潔の極致ともいえる映画の字幕を見ていると、いろいろ勉強になります。

　英文科の大御所の先生が、とある映画の字幕に逐一チェックを入れて、「この単語のニュアンスが反映されていない」「ここには形容詞が必要だ」「この翻訳は誤訳だらけである」と、クレームをつけたというエピソードがあります。

　一瞬にして画面が切り替わる映画で、すべてを伝えるのが不可能だということを、その大御所の先生は、わからなかったのでしょう。英文学の常識や、自分の知識や

経験から判断して、無理な指摘をしてしまったのです。生きた英語は、学校の授業とはまったく世界が違うのですが……。

同時通訳者に学べること

　同時通訳も、字幕翻訳に勝るとも劣らず、極度のプレッシャーがかかる仕事だといえます。

　自分で理解することと、それを他の言語で人に伝えるようにすることは全然違います。頭の中でまったく違う働きをする2つのことを、同時に行うのは、特殊な技能なのです。基本的に英語が話せる日本人は、いちいち日本語に置き換えずに、そのまま英語を理解しています。英語で理解して英語で答えるのが本来の形なので、通常の会話であれば、それ以上考える必要はありません。でも、同時通訳は、英語で理解した後に、日本語に置き換えて伝えるという大仕事があるのです。

　頭で理解した英語を、瞬時に日本語に置き換えるためには、1段階も2段階もレベルの高い理解が必要です。単語単位ではなく、英語がドカーンと塊で入ってくるので、語順の影響も大きく受けてしまいます。

　そもそも英語と日本語は語順が大きく違います。たと

えば否定形の場合、日本語は最後に否定語が来ますが、英語の場合は "not" が先に来ますよね。日本語は、最後まで文章を聞かないと、肯定か否定かという重要な部分がわかりません。

このため同時通訳では、否定か肯定か文意がわかった瞬間に、高速で処理をしないと間に合いません。相当な英語上級者で、なおかつ、頭の回転が速い人でないと務まらない仕事なのです。塊として入ってきた英語を、英語として理解し、その塊を日本語にして人に伝える（あるいは、その逆も）という、大変な工程を瞬時にこなしていくのです。

同時通訳には、コツがあります。語順に引っ張られる部分がどうしても出てくるので、間合いをつなぐための言葉を入れたり、ペースに緩急をつけたりします。

また、事前の勉強が必須です。明日は政治の会議で、地球温暖化の内容を扱うとなれば、政治用語、地球温暖化関連の単語は全部頭に入れておかないと、瞬時に訳すことはできません。

同時通訳者で「日本語を英語にする人」と「英語を日本語にする人」は別で、両方できる人は少ないと思います。

どちらかを選ぶなら、**アウトプットする言語はネイティブのほうがいい**でしょう。日本語を勉強しているアメ

リカ人だったら、やはり日本語を聞いてそれを英語に翻訳するほうがやりやすいですし、私ならば英語を聞いて日本語にするほうがやりやすいわけです。バイリンガルであっても、より強い言語をアウトプットに選んだほうがいいでしょう。

　同時通訳者は、英語のニュアンスを伝えることにも敏感なので、英語を勉強している人の参考にもなります。同時通訳者の本を何冊か読んでみるのもいいでしょう。たとえば、"I'd appreciate it if ～" という表現は、**ビジネスシーンで使いやすい丁寧な言葉**です。"I'd appreciate it if you could come in time." 「間に合うように来ていただけるととてもありがたいのですが」という意味です。

　英語にも、ぞんざいな言い方もあれば、丁寧な言い方もあるので、同時通訳者は、瞬時にそのあたりも判断して、他の言語に置き換えているのですね。

イディオムを楽しむ

　英語のイディオムに苦手意識がある人も多いようです。

　イディオムとは、2つ以上の単語の組み合わせからなる慣用的な表現です。日本語でもありますよね。「骨を

折る」「油を売る」などがそうです。日本人が、なぜこの表現でその意味をなすのか、普段は意識しないで使っているように、英語のネイティブも、どうしてこの単語の組み合わせでその意味になるのか、ほとんど意識せずにイディオムを使っています。

　前にラテン語は、学問で使われることが多く、すこし高級感のある言葉だと述べました。英語のイディオムには、ラテン語由来の難しい言葉を、簡単な英語の組み合わせだけで表現しているものが、実はたくさんあるのです。

　たとえば、「永遠」を表す言葉は、難しいラテン語系の英語では、"eternal" や "eternity" と言いますが、簡単な単語の組み合わせでできた単語に、"forever" があります。さらに別の言い方としては、イディオムで、"for good" と言うのです。"for good" は、もちろん "for" と "good" という簡単な単語の組み合わせです。日本人が勉強するときには、簡単な単語の組み合わせなのに、まったく別の意味になってしまうため、イディオムが難しいと感じる方が多いようです。

　なぜ、この組み合わせが「永遠に」という意味になるのかは、よくわかりません。たいていの場合は、ネイティブも特に気にせず使っているものです。アメリカ人に「なぜそう言うの？」と聞いても、「はて、なんでだろう

ね」と答える人が大半でしょう。

　それでも無理して推測してみましょうか（笑）。"good"は、外来のラテン語系ではなく、もとから英語にあったゲルマン系の言葉のようです。"together""gather"（集める）などと、語源的には同じようですから、"good"がなぜ「良い」という意味なのかというと、たくさんまとまっているから"good"「良い」のだと考えることもできます。余談ですが、"goods"「グッズ」という言葉は「道具」という意味ですが、これも、まとまった道具のことを指して言っているわけです。

　"for good"は、時間的な継続として、まとまっているという意味にとらえ、このように表現するのかもしれません。いや、あくまでも推測にすぎませんが！

　ネイティブもほとんど意識しないで使っているイディオムですが、日本語でも、普段はその意味やつくりを考えないで使っていることがあります。たとえば、外国人が「花」という漢字を指して、「この漢字はどういう意味ですか？　どうしてこういう形なのですか？」と尋ねてきたとします。

「花」は、"flower"ですが、「花」という漢字がどうしてこういう形なのかを説明しようと、そのとき初めて考えるのではないでしょうか。「このパーツは、草かんむ

りといって植物に関連していて……」などと説明していて、自分でも無意識に使っていた漢字のつくりに新たな発見をすることがあると思います。

"How come?" で、"Why?" の意味になる理由も、単語の組み合わせを考えると不思議です。"Why?"「どうして？」と言うと、場合によっては、すこし詰問調で、怒っているような印象になりがちです。"Why is that?"「なんでそうなったの？」と印象を和らげたり、"How come?" と軽く伝える表現ができると、会話のニュアンスというか幅が広がりますよね。これも無理に理由を考えてみると、"come" という言葉のイメージから「どうしてそのような状態に至ったか」という意味合いが生まれたのかもしれません。

一見、上級者向けと思われるイディオムですが、日常会話は、そもそも簡単な言葉の組み合わせで、いろんな意味を表しています。イディオムには単語力は必要ありません。いろんな組み合わせでどういう意味になるのかを、おもしろがって、たくさん覚えておくと、さまざまな場面で役立つと思います。奥が深くて楽しいものです。

また、イディオムを知らなくても、恥だと思う必要はまったくありません。使われる地域によって違う表現をする場合もありますから。そのことも頭の片隅に入れて

おいてください。

知らなくても恥ずかしくない英語

　単語の使われ方も、地域によって異なりますし、ある地域でしか使われない単語もあります。代表的な例としては「地下鉄」です。ニューヨークでは、"subway" と言いますが、ロンドンでは、"tube" と言うのが一般的です。"tube" と言われたら、日本人は、筒や歯磨き粉のパッケージなどを想像するでしょう。このように、地域差のある単語は意外と多いのです。

　私自身、とても驚いたエピソードもあります。オーストラリア人の留学生とカナダのモントリオールの街を歩いていたとき、"The robot is red." と、とつぜん言われたのです（笑）。直訳すると「ロボットが赤い」です。読者のみなさんは、これが何を意味しているか、おわかりになりますか？

　私は想像もつきませんでしたが、この "robot" は、実は信号機のことでした。「3つ目の信号を左に曲がって」と言いたいときは、"Turn left at the third robot." と（このオーストラリアからの留学生は）言うのです。ロボットが信号機だと知らないと、全然違う映像が頭に

浮かんでしまいますね。

　これは完璧な方言です。オーストラリアだけではなく、南アフリカでも使われているようです。このオーストラリアからの留学生は、シドニーやメルボルンなどの都会ではなく、田舎の町の出身だと言っていました。この言葉の使い方は、たしかに田舎の人の感覚ですよね。極端にいえば、交通整理が機械で行われているというテクノロジーのすごさに驚いて、思わず「robotが交通整理してる！」と叫ぶ感覚でしょう。おじいちゃん、おばあちゃんが、高機能の商品などを、なんでもかんでも「コンピューター」と呼ぶのと似た感覚かもしれません。

　ロボットが、オーストラリアの田舎の地域と南アフリカの一部で使われている言葉というのはわかりますが、町単位なのか州単位なのか、どのくらいの人々が使っているのかは、残念ながらわかりません。少なくとも、アメリカでは、あまり通じない地域限定の英語表現です。

　"The robot is red." とアメリカで話したならば、「え？どこにロボットがいるの？」とアメリカ人も混乱するでしょう。こういう単語はたくさんあるということを、頭の片隅に入れておいてください。すべてを覚える必要はありません。地域差のある英語表現を完全にマスターするのは不可能ですから、知らなくてもまったく恥ずかしいことではありません。

ちなみに、日本語の「黄金車」という言葉をご存じでしょうか。どこの地方の方言かは覚えていませんが、一部の町でしか通用しない本当に限定された言葉だったと思います。「黄金車」は、「バキュームカー」のことでした。これは大部分の日本人にはわからない言葉ですね。

　西と東で全然意味が違う日本語もあります。代表的な表現の違いとしては、「それ、放っておいて」と言われたら、東京では「そのままにしておいて」という意味ですが、関西では、「放る」や「ほかる」は、「捨てる」という意味になります。「ほかる」は、「保管する」という音にも似ているので、混乱しがちです。関西の人に「放っておいて」と言われても、東京の人は「何もしなくていい」と考えて、関西の人の意図とは真逆の対応になってしまうことは、容易に想像がつきます。

　当然、英語でも同じようなことは起こり得ます。日本語でも知らない方言がたくさんあるように、英語にも地域差がたくさんあります。こういう言葉に出合ったときに、まだまだ英語ができない！などと頭を抱えたりしないでください。「英語の地域差」は、笑って楽しむに限ります。

知らないと恥ずかしくなる英語

　いきなりですが、"fly" という単語は、どういう意味だと思いますか。日本人であれば、まずはじめに「飛ぶ」という意味が思い浮かぶ人が多いでしょう。その次は「(虫の) ハエ」でしょうか。ところが、意外なことに、「(ズボンの) チャックの開く部分」の意味もあるのです。日本語では「社会の窓」と表現する、あの部分です！

「社会の窓が開いているよ」は、英語では "Your fly is undone." と言います。"undone" は、「なされていない」「閉まっていない」の意味です。おそらくは "Your fly is open." でもいいと思いますが、よく "undone" が使われるのは、"do" が「閉める」ということを指しているので、「しない」「開いている」「締まりがない」という意味で伝えたいからだと思います。

　これは特殊用語ではありませんし、誰もが知っている表現ですが、海外経験が少ない方は、もし「社会の窓」が開いていて、誰かが "Your fly is undone." と教えてくれても、「"fly"って、何か飛んでるの？」と、「社会の窓」が開いたまま、上を見てキョロキョロしてしまうかもしれません (笑)。

　"fly" という単語を辞書で調べると、「社会の窓」の意

味は、名詞の最初のほうに出てきますが、日本人は、まず「飛ぶ」と「ハエ」という意味を覚えていますので、すこし意外な印象がありますよね。

文化の違いが言葉の違い

アメリカ人は、トイレのことを "bathroom" と言います。それはお風呂とトイレがワンセットになっている文化だからです。

外出先でも、"Where is the bathroom?" と言い、直訳では「お風呂はどこ？」ですが、もちろん銭湯がどこかを尋ねているのではなく、「トイレはどこ？」という意味です。日本のように、トイレとお風呂が別のところにあるのが一般的ならば、"bathroom" は「お風呂」に限定されますが、アメリカはお風呂とトイレが必ずセットになっている文化なので、「バスルーム＝トイレ」という意味なのです。

ちなみに、日本のスーパーやレストランなど公共の場では、英語表記でも、"toilet" と書いてあることがありますが、"toilet" では通じないこともあります。これは、もともと、"toilet" がフランス語で、英語ではないからだと思います。フランス語、つまりラテン語から来

た言葉なのでしょう。化粧水や香水を"eau de toilette"「オードトワレ（ット）」と言いますが、この"toilette"（トワレ）から派生してできた語だと考えられます。

　フランス語では、"toilette"と言えば、「化粧」や「身だしなみ」「身支度を整える」といった意味です。スーパーに行って、"Toiletary"と書かれていたら、化粧品売り場のことです。ですから"eau de toilette"「オードトワレ（ット）」（発音は「お・どぅ・とわれっと」）も、"eau"が「水」の意味であり、「トイレの水」ではなく「化粧水」の意味なのです。

　海外でトイレを探すときには、"restroom"という単語を使うのがよいでしょう。地域によって違いはありますが、"Where is the restroom?"と聞けば、普遍的に通じます。

　英語にも、もちろん"toilet"という単語はありますが、いわゆる日本語が意味するトイレの意味ではありません。本来は「化粧室」の意味であり、ミックスされて「便所」や「排泄」の意味もあるようです。"Where is toilet?"も、理解できなくはないでしょう。ただ"toilet"という単語は普段はあまり使わず、"restroom""bathroom"という間接的な表現をしているのです。日本語で「便所」と言わないのと同様に、汚いイメージの

ある言葉はできれば避けたほうが無難です。

　ただ、おもしろいことには、ハワイでは、"restroom"や "bathroom" や "washroom" よりも、"toilet" と言ったほうが通じたりします。日本人がたくさん訪れたので、現地の人が、日本人はトイレのことを「トイレ」と言うことを知っているからのようです。ハワイで日本語英語が通じるのは、ありがたいことに、現地の人が日本の表現に慣れているからなのです。

日本語と英語では、
イエス、ノーが逆になる!?

　文化の違いもさることながら、答え方の違いというものがあります。日本語と英語では、イエス、ノーが逆になることがよくあります。

　気をつけたいケースが "Do you mind 〜" で始まる疑問文です。

　タバコを吸いたい人が、気を遣って礼儀正しく "Do you mind if I smoke?"「タバコを吸っていいですか?」と聞いてくれたとします。

　これは、直訳をすると「私がタバコを吸ったら、あなたは気にしますか?」と聞いてくれているわけなので、

"No" と答えれば、「いいえ、気にしません（だからタバコを吸ってください）」という意味になります。逆に、"Yes" と答えると、「はい、気にします（だからタバコは吸わないでください）」ということになります。

　吸ってもかまわないときは、"No, please." と言えば、はっきりしています。"No" は、"I don't mind." の意味であるし、"please" で「どうぞ」をつければ、誤解が生じないのです。あるいは、混乱しがちなイエスとノーを避けて "Go ahead." 「どうぞ」とだけ返してもいいでしょう。

　英語に慣れていない日本人が答え方に迷ってしまい、本当は吸ってもいいのに（場合によっては、自分もタバコを持っていたりするのに）自信なさげに、「ええと……イエス」と言ってしまったら、相手はムッとしてしまうかもしれません。戸惑いながら、かなりはっきりと否定していますから（笑）。

　この場合のイエスやノーは、相手が言った文章の中身を肯定するならば "Yes" で、相手の言っている文章の中身を否定するのであれば、"No" なのです。日本人は、すぐに「はい」と言う人が多い傾向にありますし、耳が慣れないうちは "mind" という単語をきちんとキャッチできないこともあります。笑える場面もたくさんありますが、物事によっては取り返しのつかない誤解を

生む可能性も考えられます。

　また、否定疑問文の場合、イエスとノーの言い間違いがよくあります。

　たとえば、"Don't you wanna go?"つまり、「行きたくないの？」という質問の場合、日本語で「うん」と答えたら「行きたくない」わけですが、英語で"Yes"と答えたら、「行きたい」という意味になるのです。逆に、日本語で「いいえ」と答えたら「行ってもいい」わけですが、英語で"No"と答えたら「行きたくない」となるのです。うーん、混乱しますな（笑）。

　あるいは"Aren't you satisfied?"「満足できていないですか？」というような質問をされるとします。"Aren't you?"には、"not"が入っていますので、これも否定疑問文です。満足している場合は、日本語では「いいえ、私は満足しています」と答えますが、英語では"Yes, I'm satisfied."と言うわけです。逆に、満足していないときは、日本語では「はい、満足していません」ですが、英語なら"No, I'm not satisfied."です。参りましたね。

　日本語は否定形で聞かれた部分に対して、「はい」「いいえ」と答えますが、英語では、"satisfied"というキーワードに対して"Yes, I'm satisfied."か、"No, I'm not satisfied."と答えるのです。

意識を向けている部分が違うので、否定形の部分には、あまり引っ張られないで、中身に対して答える必要があります。相手が否定形で、「なんとかじゃないよね？」と尋ねてきたとしても、英語では、否定形を使っていることを気にしなくていいのです。

　もっとも「うかつに答えられない……」と、イエス、ノーに苦手意識を持つ必要はありません。実際のところ、たいていの場合は間違っても大丈夫だからです。

　それでも、イエス、ノーを間違えてしまうことが怖いと感じるのならば、とっておきの方法があります。聞かれたことに対してOKであれば、一言 **"please"「プリーズ」を付け加える**のです。

　もし、"Do you mind if I smoke?" と聞かれて、「吸ってもいいよ」と伝えるはずが、"Yes" と間違えて答えてしまったとしても、"please" をつけていれば問題ありません。相手には、「吸っていい」ということが伝わります。

　それで思い出しましたが、日本のエレベーターで、外国の人と２人で乗り合わせたときのことです。エレベーターが目的の階に着いたとき、日本語で「お願いします」と言われて、驚いたことがあります。

　このタイミングで、「お願いします」と言われたら、多くの人は「この人を先に行かせてあげたほうがいいの

かな？」と考えるでしょう。しかし、彼の手は扉のほうに向いていました。つまり、「先に行ってください」という意味合いでの「お願いします」なのだと理解しました。

　後になってから気づいたのですが、これは、英語の"please"の直訳だったのでしょう。本当は、日本語で「（お先に）どうぞ」と言いたかったのだと思います。使われ方のニュアンスで、言葉はまったく変わりますね。

感謝の気持ちが伝わる英語

　コミュニケーションにおいて、気持ちを伝えることは何より大切です。

　この章の最後に、感謝の気持ちが伝わる英語について書きたいと思います。英語にも様々なニュアンスの表現があります。

　友達に話すような、ざっくばらんな英語もあれば、オフィシャルな場で丁寧に話す英語もあります。シチュエーションごとの決まり文句もたくさんあります。その使い分けがすこしずつ調整できるようになってくると、ネイティブの人とのコミュニケーションは、よりスムーズになるでしょう。

「ありがとう」は、丁寧に伝えるときに、"I appreciate it."「本当に感謝しています」という表現があります。シンプルに英語でお礼を伝えると、"Thank you."ですが、"Thank you."や、"Thank you very much."では伝わらない、もっと深い感謝の気持ちを伝える言葉です。"I really appreciate it."は、「本当に助かりました！」「心から感謝しています」というニュアンスといえるでしょう。メールなどでも、"I really appreciate it."と伝えると、お礼の気持ちが相手によく伝わります。

あるいは、誰かが何かをやってくれたけれど、徒労に終わったときも、相手の労をねぎらうために"Thanks anyways."「努力してくれてありがとね」と伝えれば、相手の徒労感も和らぐことでしょう。

お店で、すでに店員さんに何か頼んでいるときに、別の店員さんから声をかけられたときも、"(I'm) being served, thank you."「もう店員さんにお願いしています」と一言いうだけで、世の中は円滑にまわることでしょう。

1つの言い方をするにも、表現方法はたくさんあるので、このようなプラスアルファの会話、気持ちの伝わる英語が使えるようになれたら理想的ですよね。

おわりに

　最後に、**精神的な絶対法則**について書きたいと思います。

　本文では、子どもの脳のほうが可塑性があると述べました。「可塑性がある」は、英語では"plastic"。そう、プラスチック製品のプラスチックなんです。これはもともと、「形を変えることができる」という意味で、人間の性格を表すときに「柔軟な」という意味で使われることもあります。

　一昔前は、人間の脳は、大人になるともう柔軟性がなくなって、神経細胞も死んでいくだけだと考えられていました。でも、最近は、大人の脳にも可塑性が残っていることや、新たに神経細胞が生まれることがわかってきました。

　それは、発育盛りの子どもと同じ柔軟性ではありません。でも、大人の脳だって、頑張れば、いろいろなことを習得できる柔軟性を持っているのです。

　子どもが数回の耳コピで習得してしまった英語表現を、大人は、何十回も耳コピしないと習得できないかもしれませんが、脳の可塑性を信じてさえいれば、必ず、耳コピに成功し、ネイティブやバイリンガルと同じ発音ができるようになります。それは、科学的にたしかなこ

となのです。

　脳科学の観点から、もう１つ。

　俳優がセリフを覚えるにはどうすればいいでしょう？もちろん、人によっていろいろと工夫しているわけですが、**脳科学的にはアウトプット**するのがいちばんなのです。人間の脳は、出力する頻度が高いと「これは覚えておいたほうが効率がいい」とみなし、記憶に定着させる傾向があるからです。クイズに強い人も、自分の知識を他人にしゃべってアウトプットすることで記憶するといいます。友だちに勉強を教えたら、よくわかるようになるのも、一部、この記憶のメカニズムが関係しているのかもしれません。

　ですから、聞くだけでなく「しゃべり返す」、そして、読むだけでなく「書き取る」ことにより、確実に、あなたの英語記憶力はアップするのです。

　小学生のときにニューヨークの小学校に転入したと言うと、「ああ、それで英語がしゃべれるようになったんだね」と思われるかもしれません。しかし、小学校３年生は赤ちゃんとは違います。物心ついて、すでに日本語の音に脳が特化し始めていますから、すぐに英語ができるわけがありません。

実際、私は夏休みの間、毎日、泣きながら英語を勉強していました。小学校とはいえ、それはもう立派な社会です。そこで生き残るためには、どうしても英語を習得するしかなかったのです。

　もちろん、音声教材にしても、テレビやカセットテープなど、英語の習得に恵まれた環境であったことは認めます。でも、1970年当時のニューヨークで手に入る音声教材と、2021年現在の日本で手に入る音声教材とでは、圧倒的に、後者のほうが恵まれているのです。

　私は「生きるため」に必死で英語を勉強しました。子どもなりに、あらゆることを試みて、たくさん、無駄なこともやりました。でも、必死ですから、試行錯誤の末、徐々に効率のよい勉強法を探し出し、それを集中的に実践しました。

　実をいうと、それが、この本でご紹介している「耳コピ」、すなわち発音フィードバック（口トレ）だったのです。本屋さんで売っていた『Conversaphone』という音声教材を買ってきて、ひたすらカセットテープに耳を傾けました。そして、別のテープに自分の声を録音して、「まだお手本みたいに発音できないよ」と泣きべそをかきながら、お手本と自分の発音の「差異」がなくなるまで、何度も何度も真似をし続けました。

　いまだったら、二丁拳銃方式で、もっと効率よく練習

できたかもしれません。でも、当時はカセットプレーヤーを２台買ってもらうことはできませんでしたから、１台のラジカセを使って、ひたすら、耳コピをやったんです。

　夏休みが終わって、９月の新学期が始まったとき、私は自分の耳を疑いました。春までと違って、私は、先生の言うことがほとんど理解できたからです。３カ月の集中的な特訓の成果が出て、私は、泣いていました。

　"What's wrong? Why are you crying?"（大丈夫？　なんで泣いてるの？）

　先生にそう聞かれた私は、泣いているのか笑っているのかわからないまま、

　"Because I understand what you are saying!"（だって、先生の言っていることが理解できるから！）

　と、答えていました。

　あのときの感動をみなさんと共有したい。そんな思いでいま、この本を書いています。

　それにしても、竹内式英語習得絶対法則って、なんだったんでしょう？　発音フィードバックにしても、ディクテーションにしても、何十年も前から語学教育の現場では効果があることは知られていました。私が子どもに推奨するディズニー英語システムも、私が学生時代に使っていたアシミル社の語学教材も、フィードバック方式

を用いています。いまさら「竹内式」と銘打つ必要なんてないはず。

「竹内さん、もしかして、〈口トレ〉って造語を作っただけじゃないの？」

おお、この期に及んで、なんと鋭いツッコミ。嫌いじゃありませんよ、そーゆーの。

コホン。もちろん、発音フィードバックとディクテーションに新しさはありません。でも、**あえて大人の英語習得法に、喃語（なんご）に毛が生えただけのような「コドモ英語」をもってきて、それで耳コピをすれば、英語のロケットスタートが切れる、という点がオリジナルその１。さらに、面倒くさいから長続きしない問題を解決するため、知恵を絞って、二丁拳銃方式を編み出した点がオリジナルその２。竹内式英語習得絶対法則は、きわめて斬新なのですよ、ふっふっふ**（不敵な笑い）。

子どもの英語だとバカにしているあなた。でも、発音できないはずです。書き取れないはずです。そして、二丁拳銃方式でないと続かないはずです。

コドモ英語をお手本に、あなたの脳内で耳と口の回路がつながったとき、生まれて初めて、あなたは、「もしかしたら、本当に英語が自由自在に使いこなせるかもしれない」と実感するはずです。

そして、このロケットスタートさえ切ることができれば、あとは、自分に合った好きな教材を使って、数千時間の楽しい訓練の道を歩めばいいのです。それを達成したとき、あなたは、日本人の中ではトップクラスの英語の"fluency"（流 暢 さ）を身につけていることでしょう。

「コドモ英語」をバカにして、一生、英語の不安に苛まれ続けるのか、それとも、虚心坦懐にコドモ英語の「口トレ」と「書きトレ」をマスターし、大空へ羽ばたくのか。それはもう、あなた次第。

　あ、それから、「口トレ」は「ロトレ」と紛らわしいですが、無論、オヤジギャグなのですね。「口トレ」には録音が必須。だから、録音トレーニング、略してロトレ（笑）。このダジャレは非難を浴びるから本には書くなと、妻に注意されたのですが、最後に書いてしまいました〜。

　ともあれ、本書でご紹介した竹内式英語習得絶対法則が、今後のあなたの英語生活を彩り豊かなものにすることを祈って、いったん、筆を擱きたいと思います（でも、続編の「実践・オトナの例文集」とか、マジでやるかもしれないので、乞うご期待！）。

謝辞にかえて

　私の周囲には仕事で英語を使いこなしている人が大勢います。

　中でも親友の脳科学者・茂木健一郎は、物怖じせず、公の場でどんどん英語を話し、ジョークを飛ばし、ネイティブやバイリンガルの人たちと伍して英語の世界で戦っています（楽しんでいます？）。これはある意味、すごいことです。彼の英語との向き合い方はこの本の内容に大きな影響を与えました。

　あるいは、良き友人で作家の鈴木光司さんも海外に招かれて読者やメディアを相手に英語でしゃべらないといけない機会が多いようです。あるとき光司さんと食事をしていて、「竹内くんさぁ、耳コピと口トレのフィードバックが効くのはわかるんだけど、面倒くさいから続かないんだよ」と言われました。竹内式英語習得絶対法則の欠点を指摘されたのです。大いに反省した私は、試行錯誤の末、専用教材を使わないなら、「二丁拳銃」しかない、という結論に達しました。

　ディズニー英語システムの鼎談でワールド・ファミリーのロバート・A・パーカー社長とお話をさせていただいたことで、この本の中身に厚みが出たように思います。将来、「トークアロング・カード」の大人用の教材

233

が出たらいいなと、本気で感じています（機械とカード
を小さくして、カードを厳選してくれるだけでいいので
すが！）。

そうそう、この本では、ディズニー英語システムとア
シミル社について、あえて名前を出して書いています
が、これは竹内薫の「勝手推薦」とお考えください。そ
れぞれ、形態は異なるものの、英語習得のための理想的
な方法で教育活動を行っています。

ＰＨＰエディターズ・グループの田畑博文さんが私の
Twitter のつぶやきを見て、「竹内さんの英語習得絶対法
則を本にしませんか」と声をかけてくれなければ、この
本が世に出ることはありませんでした。心から感謝。

この本では、（日本語の響きは少々悪いのですが）
「For the rest of us」（その他大勢のわれわれのために）
というコンセプトを貫いたつもりです。読者のみなさん
が、英語に対する苦手意識を払拭し、ロケットスタート
を切ってくださるよう祈っております！

最後にこの本の「コドモ英語100」を選んでくれたア
ナンド・モーハン先生とナヴィーン・ブカーリ先生、そ
して、私が経営する YES International School に触れて
おきたいと思います。

アナンド先生はカナダの大学で英語とビジュアルアー

トを専攻し、長年、日本で英語教育に携わってきました。娘の保育園時代の先生でみんなの人気者でした。

　ブカーリ先生はロンドン大学で政治学を専攻し、現在、YES International School の英語科主任です。授業レベルはかなり高く、政治、経済、科学、医学、環境問題などの文章を読んで、先生と生徒で丁々発止の討論をします。ほがらかでユーモア精神溢れる先生です。

　横浜に本拠を置く YES International School は、インターナショナルスクールと銘打っていますが、実はバイリンガルスクールで、授業の約半分が日本語、半分が英語で行われています。生徒には、英語保育園出身者や帰国子女もいますが、小学校高学年で英語経験ゼロの生徒が編入してくることもあります。この学校には「学年」の概念がないので、習熟レベルによって授業を受けてもらっています。現在は年長さんから中学3年生までが在籍し、初の卒業生を送り出そうとしています。

　YES International School は、茂木健一郎氏、冨山和彦氏、住田裕子氏、川上量生氏、私の高校、大学時代の同級生と友人、藤野美哉氏、徳永太氏、衣袋宏美氏、そしてエンジェル投資家のみなさんが株主として応援してくれています。

　YES には東京校もあり、不登校・ホームスクーラーのための居場所となっています。横浜校と同様、英語と

プログラミングに力を入れており、Zoom による授業配信も行っています。ぜひ一度、YES International School のホームページを覗いてみてください。

　https://yesinternationalschool.com

著者紹介
竹内 薫 (たけうち　かおる)

サイエンス作家・翻訳者。1960年東京生まれ。8歳から10歳まで
ニューヨークの現地校に通う。東京大学教養学部教養学科、理学
部物理学科卒業。カナダのマギル大学にて博士課程修了。
Ph.D.（高エネルギー物理学専攻）。科学雑誌『ネイチャー』の翻
訳にも携わる。

著書に40万部のベストセラー『99・9％は仮説』（光文社新書）、
ロングセラー『「ネイチャー」を英語で読みこなす』（講談社）、
翻訳書に『奇跡の脳』（新潮文庫）、『科学の終焉<small>（おわり）</small>』（監修：筒井康
隆、徳間文庫）、『WHAT IS LIFE?（ホワット・イズ・ライ
フ？）生命とは何か』（ダイヤモンド社）などがある。2016年、
人工知能社会の到来を見据え、英語と日本語とプログラミングの
先進グローバル教育に注力する「YES International School」を
開校。2018年に東京校を開校 (https://yesinternationalschool.
com)。

この作品は、2014年５月にＰＨＰエディターズ・グループより刊
行された『英語が上達したければネイティブの子どものように学
びなさい』を改題し、加筆・修正したものである。

PHP文庫　「耳コピ」日常英会話

日本にいながらわが子をバイリンガルにした、たった1つの方法

2021年6月14日　第1版第1刷

著　者	竹　内　　薫
発行者	後　藤　淳　一
発行所	株式会社PHP研究所

東京本部　〒135-8137　江東区豊洲5-6-52
　　　　　　PHP文庫出版部　☎03-3520-9617（編集）
　　　　　　普及部　　　　　☎03-3520-9630（販売）
京都本部　〒601-8411　京都市南区西九条北ノ内町11

PHP INTERFACE　　https://www.php.co.jp/

制作協力組版	株式会社PHPエディターズ・グループ
印刷所製本所	図書印刷株式会社

PHP文庫

怖くて眠れなくなる科学

竹内 薫 著

「普段着で宇宙空間に飛び出したら死因は？」「電磁波で人の行動を操れる装置」など、夜に眠れなくなる科学の〝怖い世界〟へようこそ。